Organização
Edgar Melo

CÓDIGO DE DEFESA DO CONSUMIDOR

5ª Edição

Lafonte

2021 - Brasil

Título – Código de Proteção e Defesa do Consumidor
Copyright © Editora Lafonte Ltda. 2019

Todos os direitos reservados.
Nenhuma parte deste livro pode ser reproduzida por quaisquer meios existentes sem autorização por escrito dos editores e detentores dos direitos.

Direção Editorial Ethel Santaella

REALIZAÇÃO
StartUP Comunicação

Edição e Revisão Edgar Melo
Direção de Arte Samuel Moreno
Imagens Shutterstock.com
Fonte Legislação Ministério da Justiça

Dados Internacionais de Catalogação na Publicação (CIP)
(Câmara Brasileira do Livro, SP, Brasil)

Código de Defesa do Consumidor / organização Edgar Melo. -- 5. ed. -- São Paulo : Lafonte, 2021.

ISBN 978-65-5870-169-9

1. Brasil - Constituição (1988) 2. Consumidores - Leis e legislação - Brasil I. Melo, Edgar.

21-77297 CDU-34:381.6(81)

Índices para catálogo sistemático:

1. Brasil : Código de Defesa do Consumidor 34:381.6(81)
2. Brasil : Consumidores : Código de defesa e proteção 34:381.6(81)

Cibele Maria Dias - Bibliotecária - CRB-8/9427

Editora Lafonte

Av. Profª Ida Kolb, 551, Casa Verde, CEP 02518-000, São Paulo-SP, Brasil - Tel.: (+55) 11 3855-2100
Atendimento ao leitor (+55) 11 3855-2216 / 11 – 3855-2213 – *atendimento@editoralafonte.com.br*
Venda de livros avulsos (+55) 11 3855-2216 – *vendas@editoralafonte.com.br*
Venda de livros no atacado (+55) 11 3855-2275 – *atacado@escala.com.br*

Sumário

ARTIGO: A tutela do consumidor **10**

LEI Nº 8.078, DE 11 DE SETEMBRO DE 1990 .... **19**

TÍTULO I – Dos Direitos do Consumidor **19**
    CAPÍTULO I – Disposições Gerais **19**

    CAPÍTULO II – Da Política Nacional de Relações de Consumo **19**

    CAPÍTULO III – Dos Direitos Básicos do Consumidor **21**

    CAPÍTULO IV – Da Qualidade de Produtos e Serviços, da Prevenção e da Reparação dos Danos **22**
        SEÇÃO I – Da Proteção à Saúde e Segurança **22**
        SEÇÃO II – Da Responsabilidade pelo Fato do Produto e do Serviço **23**
        SEÇÃO III – Da Responsabilidade por Vício do Produto e do Serviço **24**
        SEÇÃO IV – Da Decadência e da Prescrição **27**
        SEÇÃO V – Da Desconsideração da Personalidade Jurídica **27**

    CAPÍTULO V – Das Práticas Comerciais **28**
        SEÇÃO I – Das Disposições Gerais **28**
        SEÇÃO II – Da Oferta **28**
        SEÇÃO III – Da Publicidade **29**
        SEÇÃO IV – Das Práticas Abusivas **30**
        SEÇÃO V – Da Cobrança de Dívidas **31**
        SEÇÃO VI – Dos Bancos de Dados e Cadastros de Consumidores **31**

CAPÍTULO VI	– Da Proteção Contratual	**32**
SEÇÃO I	– Disposições Gerais	**32**
SEÇÃO II	– Das Cláusulas Abusivas	**33**
SEÇÃO III	– Dos Contratos de Adesão	**35**
CAPÍTULO VI-A	– Da Prevenção e do Tratamento do Superendividamento	**36**
CAPÍTULO VII	– Das Sanções Administrativas (Vide Lei nº 8.656, de 1993)	**39**

TÍTULO II – Das Infrações Penais **41**

TÍTULO III – Da Defesa do Consumidor em Juízo **44**
    CAPÍTULO I – Disposições Gerais **44**

    CAPÍTULO II – Das Ações Coletivas Para a Defesa de Interesses Individuais Homogêneos **46**

    CAPÍTULO III – Das Ações de Responsabilidade do Fornecedor de Produtos e Serviços **47**

    CAPÍTULO IV – Da Coisa Julgada **48**

    CAPÍTULO V – Da Conciliação no Superendividamento **48**

TÍTULO IV – Do Sistema Nacional de Defesa do Consumidor **50**

TÍTULO V – Da Convenção Coletiva de Consumo **51**

TÍTULO VI – Disposições Finais **52**

DECRETO Nº 2.181, DE 20 DE MARÇO DE 1997 .... **54**
Dispõe sobre a organização do Sistema Nacional de
Defesa do Consumidor – SNDC, estabelece as
normas gerais de aplicação das sanções administrativas
previstas na Lei nº 8.078, de 11 de setembro de 1990,
revoga o Decreto nº 861, de 9 julho de 1993,
e dá outras providências.

DECRETO Nº 10.962, DE 11 DE OUTUBRO DE 2004 .... **73**
Dispõe sobre a oferta e as formas de afixação de
preços de produtos e serviços para o consumidor.

DECRETO Nº 6.523, DE 31 DE JULHO DE 2008 .... **75**
Regulamenta a Lei nº 8.078, de 11 de setembro de 1990,
para fixar normas gerais sobre o Serviço de Atendimento
ao Consumidor – SAC.

DECRETO Nº 7.962, DE 15 DE MARÇO DE 2013 .... **79**
Regulamenta a Lei nº 8.078, de 11 de setembro de 1990,
para dispor sobre a contratação no comércio eletrônico.

DECRETO Nº 7.963, DE 15 DE MARÇO DE 2013 .... **82**
Institui o Plano Nacional de Consumo e Cidadania e cria
a Câmara Nacional das Relações de Consumo.

DECRETO Nº 8.573, DE 19 DE NOVEMBRO DE 2015 .... **88**
Dispõe sobre o Consumidor.gov.br, sistema alternativo
de solução de conflitos de consumo, e dá outras providências.

LEI Nº 13.455, DE 26 DE JUNHO DE 2017 .... **90**
Dispõe sobre a diferenciação de preços de bens e serviços oferecidos ao público em função do prazo ou do instrumento de pagamento utilizado, e altera a Le no 10.962, de 11 de outubro de 2004.

LEI Nº 13.543, DE 19 DE DEZEMBRO DE 2017 .... **91**
Acrescenta dispositivo à Lei nº 10.962, de 11 de outubro de 2004, que dispõe sobre a oferta e as formas de afixação de preços de produtos e serviços para o consumidor.

LEI Nº 14.181, DE 1º DE JULHO DE 2021 .... **92**
Altera a Lei nº 8.078, de 11 de setembro de 1990 (Código de Defesa do Consumidor), e a Lei nº 10.741, de 1º de outubro de 2003 (Estatuto do Idoso), para aperfeiçoar a disciplina do crédito ao consumidor e dispor sobre a prevenção e o tratamento do superendividamento.

Órgãos e instituições que defendem os interesses do cidadão **100**

PROCON no seu estado **104**

A *tutela do consumidor*
por Thiago Ferreira Cardoso Neves

Vivemos em uma sociedade de consumo. Essa frase é exaustivamente repetida e pode ser vista nos mais variados e diversos veículos de comunicação, sendo dita até nas mais simples conversas travadas em rodas de amigos. Mas essa que já se tornou uma costumeira afirmação, e que pode ser vista com bons olhos, a demonstrar uma maior capacidade da população brasileira em adquirir bens de consumo, revela uma trágica realidade: o excessivo valor dado, em nosso meio, à aquisição de bens, o que traz inegáveis riscos para o consumidor.

É comum encontrarmos pessoas cujo projeto de vida se resume a acumular riquezas. Isso, nos tempos atuais, é sinal de status, de sucesso e até de felicidade. Ter é melhor do que ser.

E é nesse ambiente que os fornecedores de produtos e serviços se aproveitam para, através das mais variadas práticas comerciais de propaganda e marketing, atrair os consumidores, vulneráveis na grande maioria dos casos, que caem na rede como peixes inocentes.

Basta assistirmos a cinco minutos de televisão, ou navegar em um simples *site* de notícias na Internet, ou mesmo nas redes sociais, para sermos inundados com múltiplas espécies de propagandas: diretas, indiretas, induzidas, subliminares... que seduzem a todos impiedosamente. Isso sem falar no uso de ferramentas de captação de dados de navegação (*cookies*) para, posteriormente, serem utilizados no envio de e-mails e mensagens, assim como na própria inserção, nas páginas da Internet, de publicidade direcionada ao consumidor a partir do perfil traçado com a sua navegação.

E nesse bombardeio de propagandas, não faltam promessas de uma vida de sonhos e de felicidade, que decorreria da aquisição desses bens. Elas variam desde o desodorante que, uma vez usado, é capaz de atrair facilmente um número infinito de mulheres (a revelar um machismo enraizado), até o creme que, em apenas três semanas transforma uma barriga incapaz de caber em uma calça tamanho 52, em um abdome de um atleta campeão olímpico.

Assim, de pouco em pouco, vamos absorvendo essa enorme quantidade de informações até sermos moldados por essa estrutura social enganosa e perigosa.

Face real

Mas essa promessa de uma vida de glamour e alegria para aqueles que podem adquirir tudo o que é anunciado e ofertado também revela a outra face da moeda. Aqueles que não conseguem acompanhá-la são cruelmente excluídos e discriminados, trazendo para a sociedade inúmeras mazelas, como o surgimento da figura do consumidor superendividado, hoje expressamente previsto no Código de Defesa do Consumidor, por força da Lei nº 14.181/2021, cujos ganhos são insuficientes para pagar as prestações que se acumulam. Para não ser discriminado, o indivíduo contrai uma multiplicidade de dívidas, por meio de empréstimos pessoais, cartões de crédito ou outras formas de obtenção de crédito, que é dado indiscriminadamente pelos agentes financeiros, para poder adquirir bens materiais. Assim, ainda que bem-intencionado e, logo, de boa-fé, o consumidor não consegue cumprir com todas as obrigações contraídas, ficando inadimplente. Além disso, vê prejudicada a sua própria subsistência, pois se vê impossibilitado de pagar até mesmo as contas mais básicas, em nítido prejuízo à sua dignidade.

Isso acaba por arrastar inúmeras pessoas também para a criminalidade, causando um caos social, na medida em que muitos enveredam para a prática de ilícitos a fim de ter acesso aos bens.

Somos, pois, reféns de nossos sonhos e projetos, muitas vezes vazios e irreais.

Embora esse quadro pintado nos parágrafos anteriores seja capaz de produzir os mais terríveis e insólitos pesadelos, nem tudo está perdido. Há, por certo, uma luz no fim do túnel, de modo que precisamos fitar nossos olhos nela para encontrarmos a saída.

Atento a essas questões que não se afiguram recentes, o constituinte de 1987 fez inserir em nosso texto constitucional uma importante ferramenta para a proteção do consumidor, a qual, se observada e respeitada, é apta a inibir e coibir essas práticas predatórias que podem, sim, levar uma pessoa à ruína financeira, que é o primeiro passo para uma vida de grande sofrimento, dor e privações.

A nossa Constituição Federal previu, respectivamente, em seus arts. 5º,

XXXII e 170, V, como direito fundamental e como princípio a reger a ordem econômica do país, a defesa do consumidor.

E, para dar efetividade a essas disposições, previu, no art. 48 dos Ato das Disposições Constitucionais Transitórias – ADCT, que o Código de Defesa do Consumidor deveria ser elaborado no prazo de 120 dias a contar da promulgação da Constituição.

A Lei Fundamental, como todos sabem, foi promulgada no dia 05 de outubro de 1988, sob o batismo de Ulisses Guimarães, que a nominou de Constituição Cidadã. Já o Código de Defesa do Consumidor, prometido para até 120 dias após a promulgação da Lei Maior, só foi editado em 11 de setembro de 1990, mais de 700 dias após o advento da Constituição Federal.

Sem prejuízo, muito embora tardia, a lei consumerista foi um verdadeiro marco e alento, pois nela se estabeleceu importantes conceitos, assegurou-se relevantes direitos, e previu-se indispensáveis instrumentos de proteção do consumidor.

Seu perfil inovador trouxe para o ordenamento jurídico brasileiro institutos até então inexistentes, inutilizados ou subutilizados. Como exemplo, podemos citar a boa-fé, outrora subjetiva, que consistia em uma mera exortação ética, e que acabou por se tornar um verdadeiro dever de conduta para as partes a reclamar um atuar probo, honesto e transparente, objetivando-se.

Dela se extraem os chamados deveres anexos, que impõem às partes, especialmente o fornecedor dos produtos e serviços, inúmeras obrigações como a de proteção – também denominado de dever de cuidado e segurança –, que exige das partes um atuar cuidadoso, de modo a não causar danos às pessoas e coisas; o dever de informar, impondo uma obrigação de agir com transparência, esclarecendo todos os aspectos da contratação e da coisa que se pretende contratar; o dever de lealdade, visando coibir a prática de condutas que visem enganar o outro; e o dever de cooperação e assistência, que obrigam as partes a manterem uma conduta colaborativa para o bom e fiel cumprimento daquilo que foi contratado, assim como a prestarem assistência em relação ao próprio objeto do contrato, seja antes, durante, ou depois da sua celebração.

Inovação

Outra ferramenta importante de proteção do consumidor, agora já em relação aos danos que eventualmente venha a sofrer, é a regra da responsabilidade objetiva do fornecedor. Isso significa que a sua responsabilização pelos danos causados ao consumidor independe da demonstração da prática de uma conduta culposa ou dolosa. Basta que tenha ocorrido o fato e que dele resulte – nexo causal – o dano.

De inegável importância também são os institutos previstos no Capítulo V do

Código de Defesa do Consumidor, que tratou das práticas abusivas e das formas de proteção contra elas.

No início do referido Capítulo se vê, desde logo, uma ampliação do conceito de consumidor, que passa a ser toda e qualquer pessoa exposta a uma prática considerada abusiva. Esse alargamento conceitual tem grande importância também quando o CDC trata da publicidade, de modo que todo aquele que é exposto a determinada propaganda já é considerado consumidor, especialmente se ela for caracterizada como enganosa ou abusiva, e venha a causar danos.

Ainda no âmbito das ferramentas de proteção ao consumidor, o Código trata de modo pormenorizado da oferta feita pelo fornecedor. Esta deve ser clara, precisa e exaustiva, informando ao consumidor sobre todos os aspectos do produto ou serviço que ele pretenda adquirir.

Note-se, sobre essa questão, que todo e qualquer produto ou serviço deve ter suas características anunciadas de modo correto, claro e transparente. Assim, em uma propaganda, ou na embalagem, deve-se conter as características, a qualidade, a quantidade, a composição, o preço, a garantia, o prazo de validade e, mais importante, os riscos que aquele bem possa acarretar à vida, à saúde e à segurança do consumidor.

Ainda como instrumento de proteção ao consumidor, e que poucas pessoas se atentam, é o dever que o Código impõe aos fornecedores de manter, por prazo razoável, a oferta de componentes e peças de reposição do produto, mesmo após cessar a sua fabricação.

Acerca desse prazo, o legislador trouxe um conceito jurídico indeterminado, isto é, um termo vago e impreciso que, para a sua aplicação, exige o preenchimento do seu conteúdo pelo julgador. Assim, compete ao juiz definir qual é o prazo razoável para a manutenção da oferta de peças e componentes, a fim de assegurar ao consumidor a conservação e reparo dos bens que adquire.

Sobre esse aspecto, crê-se que o prazo de vida útil do produto seja um bom parâmetro para a definição do que seria razoável.

Nesse sentido, e como exemplo, podemos imaginar a situação de um carro que deixa de ser fabricado por sua montadora. Questiona-se por quanto tempo precisa o fabricante produzir peças para a manutenção desse veículo. A nosso sentir, parece adequado que ao menos pelo período de 10 anos (a contar do término da fabricação) deva o fabricante continuar produzindo as peças para reparo, pois esse é um prazo razoável para que alguém permaneça com um carro. Isso, à toda evidência, sem prejuízo de se guardar as devidas proporções no tocante à quantidade de produção dessas peças, na medida em que, com o passar dos anos, diminui-se a comercialização e circulação daquele automóvel, ainda que usado.

Divulgação

De especial relevo também são as disposições acerca da publicidade. Como já vimos anteriormente, a publicidade, a propaganda e o marketing são os mecanismos mais importantes de influência e convencimento do consumidor, merecendo especial atenção e investimento por parte dos fornecedores.

O CDC deu especial atenção à publicidade, que é o ato de tornar público um conceito ou uma ideia acerca do fornecedor, do seu produto e do seu serviço. Sobre ela, o Código de Defesa do Consumidor repudiou as práticas enganosas e abusivas.

A publicidade enganosa é aquela que induz o consumidor a erro, informando-o direta ou indiretamente de modo falso, fazendo-o crer que o produto ou serviço tem natureza, característica, qualidade, quantidade, origem ou preço que, na verdade, não tem.

É o caso já mencionado do creme que promete o milagre de, em poucas semanas de uso, reduzir sensivelmente uma barriga adquirida a base de má-alimentação e sedentarismo. Por certo, deve o fornecedor, caso queira continuar a anunciar o mencionado produto, informar que o seu uso deve ser associado a uma redução do consumo de alimentos, ou a uma reeducação alimentar, além da prática de exercícios, o que, por si só, já dispensaria o uso daquele cosmético.

Se revela ainda mais gravosa aquela propaganda que promete ou vincula o bem a efeitos impossíveis de serem alcançados. Veja-se o também já mencionado caso do desodorante que, por uma simples borrifada, é capaz de fazer todas as mulheres caírem aos pés do indivíduo. Sob essa questão, afora a mazela da cultura evidentemente machista, parece-nos lógico que nenhum perfume ou fragrância é capaz, por si só, de tal proeza.

Muitos podem pensar que tais exemplos são caricatos e incapazes de enganar uma pessoa. No entanto, e ao contrário do que se possa imaginar, um indivíduo com pouca cultura e estudo, e que tenha reduzido discernimento acerca das circunstâncias da vida – basta pensar que essas propagandas são veiculadas em todos os cantos do país, e não apenas nos grandes centros urbanos –, pode sim ser influenciado e levado a adquirir aquele produto crendo em seus efeitos miraculosos.

Mas, ainda que assim não fosse, tal publicidade é, por si só, e de modo objetivo, abusiva e, consequentemente, ofensiva e ilegal, na medida em que viola a boa-fé e inúmeros de seus deveres anexos, como, por exemplo, o de lealdade.

E isso porque o consumidor acaba seduzido pelas promessas feitas, fazendo-o, em inúmeras situações, adquirir produtos ou serviços que não necessita e que não cumprem aquilo que promete.

Já no que toca à publicidade abusiva, esta se qualifica por seu estímulo à discriminação e/ou à violência, bem como à exploração do medo, da superstição e da fé das pessoas, aproveitando-se de uma situação de fragilidade e de incapacidade plena de discernimento, aí abrangendo as crianças e os idosos.

Trata-se, por certo, de propaganda que põe em risco a vida, a integridade – física e emocional – e a saúde das pessoas, sendo, por razões óbvias, proibida, pois notoriamente prejudicial e perigosa.

Por fim, ainda neste apanhado geral sobre as regras protetivas do diploma consumerista, temos a recente preocupação agora positivada sobre o superendividamento, como adiantamos na introdução de nosso texto.

A Lei nº 14.181/2021 promoveu diversos acréscimos e alteração no Código de Defesa do Consumidor, trazendo novos princípios, prevendo novos direitos básicos, assim como também previu outras práticas consideradas abusivas.

De grande importância foi o acréscimo do Capítulo VI-A, o qual trouxe regras de prevenção e de tratamento do superendividamento, assim caracterizado como a impossibilidade manifesta de o consumidor pessoa natural, de boa-fé, pagar a totalidade de suas dívidas de consumo, exigíveis e vincendas, sem comprometer seu mínimo existencial, nos termos da regulamentação.

É o caso, por nós anteriormente mencionado, do consumidor que vai contraindo inúmeras dívidas com pagamento parcelado, cujas parcelas vão se acumulando e comprometendo sensivelmente a sua renda, a ponto de não conseguir adimplir com as obrigações mais simples e básicas, como aquelas decorrentes do consumo de água, luz, gás, escola dos filhos e compras de alimentos.

Para impedir esse caos financeiro, o Código de Defesa do Consumidor impõe diversas condutas aos fornecedores de crédito, proibindo inúmeras práticas que comprometam a saúde financeira do consumidor.

Nada obstante, as abstratas proibições legais às práticas abusivas que, como vimos, não se limitam à concessão de crédito, não são suficientes à plena e concreta proteção do consumidor. Isso porque a simples previsão da lei não é suficiente para tutelar os interesses das pessoas, principalmente porque é notório e evidente que isso, por si só, não impede a prática de ilícitos. Basta pensar no direto penal: existem centenas de crimes tipificados nas mais variadas leis, mas isso impede que eles sejam praticados.

Diante disso, o que fazer?

Há muito a ser feito. E sobre esse aspecto, existem duas notícias: uma boa e outra ruim. A boa é que o CDC possui diversos mecanismos que vão garantir a proteção e a satisfação dos interesses do consumidor. A má é que a maioria delas só produzem efeitos *a posteriori*, isto é, depois que a conduta foi praticada pelo fornecedor.

Inicialmente, no que toca à oferta dos produtos e serviços, o Código de Defesa do Consumidor assegura ao consumidor o seu pleno cumprimento. Isso significa que as informações prestadas antes da contratação vinculam o fornecedor, que pode ser compelido judicialmente a cumpri-las.

Alternativamente, caso o consumidor não tenha mais interesse em adquirir o bem como ofertado, assegura-se a ele o direito de exigir outro produto ou serviço equivalente, ou, ainda, a rescisão do contrato com a devolução dos valores pagos, corrigidos monetariamente, sem prejuízo da indenização pelos eventuais danos sofridos.

Ainda sobre isso, é preciso deixar claro que, havendo informações duvidosas, que gerem dupla interpretação ou entendimento, válida será a conclusão que for mais favorável ao consumidor.

No que tange à publicidade, a questão se torna um pouco mais complexa, pois, como regra, as medidas só poderão ser tomadas após a sua veiculação. Até por estratégia de marketing, as agências de publicidade e o próprio fornecedor não fazem consultas prévias para a verificação da licitude da publicidade que pretende veicular.

Sem prejuízo, é importante observar que o CONAR, o Conselho Nacional de Autorregulamentação Publicitária, órgão de natureza privada, mas que exerce uma importante função pública, atua sempre visando impedir que a publicidade enganosa ou abusiva cause constrangimento ao consumidor, ditando regras de comportamento das agências.

Mas, assim como ocorre com as regras legais previstas no CDC, a regulamentação do CONAR não é suficiente à proteção do consumidor, pois desvios sempre podem ocorrer. E quando isso acontece faz-se necessário tomar medidas repressivas, haja vista que as preventivas já não mais se revelam suficientes.

Nesse sentido, diversas são as possibilidades, que vão desde a própria proibição da continuidade da veiculação da publicidade, o que só deve ocorrer em casos extremos, de modo a não violar a liberdade de expressão comercial, até a responsabilização civil por danos que venham a ser causados por aquela propaganda, sendo admissível, inclusive, a propositura de ações coletivas visando a condenar o fornecedor por danos morais coletivos.

A última questão merecedora de comentário nessas breves considerações diz respeito às práticas abusivas, as quais são tratadas com particular atenção pelo CDC. Sobre elas, a lei de proteção ao consumidor previu um rol exemplificativo de condutas que são terminantemente proibidas de serem praticadas pelos fornecedores.

Dentre elas são vedadas as vendas casadas, que consistem no condicionamento da venda de determinado produto ou serviço à aquisição de outro; a recusa em vender um determinado produto ou fornecer determinado serviço ofertado publicamente, salvo se, por óbvio, não tiver mais em estoque; enviar, entregar ou fornecer produto ou serviço não requerido ou contratado; executar serviços sem prévia apresentação de orçamento, com a devida aprovação do consumidor; e não dar prazo para o cumprimento da obrigação contratada, deixando ao livre arbítrio do fornecedor o momento da conclusão do serviço ou da entrega do produto.

Sobre as práticas comentadas, as vendas casadas são um grande mal no comércio. É mais comum do que parece o condicionamento da venda de um determinado produto ou serviço à compra de outro. Vejam-se os famosos casos de contratação de serviços bancários vinculados à contratação de um seguro, ou a compra de um determinado eletrodoméstico à contratação da garantia estendida.

Nesses casos, cabe ao consumidor rejeitar a imposição e, havendo recusa na contratação pelo fornecedor, exigir judicialmente que seja cumprida a oferta sem a condicionante. Alternativa a essa possibilidade é a contratação dos bens ou serviços em venda casada e, posteriormente, exigir a rescisão do contrato referente à coisa não desejada, com a devolução do valor pago.

Outra prática comum anteriormente mencionada é a recusa do fornecedor em vender determinado produto ou serviço ofertado publicamente por razões ligadas à condição do consumidor. Por exemplo, recusar a entrada de determinada pessoa no restaurante porque não está vestida segundo determinados padrões sociais, ou porque é de baixa renda.

Se o consumidor tem condições financeiras de pagar a conta, não pode haver recusa do fornecedor. Caso haja uma persistência deste em não contratar, a medida a ser adotada é a judicial, em que o consumidor poderá compeli-lo a fazê-lo e, em casos mais graves, também a reclamar indenização por eventuais danos morais sofridos.

Igualmente comuns é o envio, pelo fornecedor, de produtos não contratados ou solicitados pelo consumidor. Exemplo clássico é o de envio de revistas ou cartões de crédito, em que posteriormente passam a ser cobrados valores caso o consumidor não manifeste expressamente o seu desinteresse na coisa enviada para ele.

Nesse caso, a regra é inversa daquela adotada na prática pelo fornecedor. A contratação deve se dar pela manifestação expressa do consumidor em fazê-lo, de modo que, se ele se mantiver inerte, é porque não quis manter o vínculo contratual. Caso seja adotada essa postura pelo fornecedor, o consumidor deve interpretar o benefício como uma amostra grátis, de modo que nada lhe poderá ser cobrado. E se houver cobrança, cabível será o requerimento judicial de declaração de inexistência de débito, associado a eventual pedido de indenização em virtude dos constrangimentos decorrentes da cobrança.

Sobre essa prática, apenas mais uma observação deve ser feita. Nos casos dos cartões de crédito enviados sem solicitação, deve-se considerar amostra grátis o serviço de crédito em si, ou seja, não será possível cobrar qualquer valor como anuidade ou outra forma de remuneração pelo serviço de crédito prestado. Já no tocante às compras feitas com o documento plástico, por óbvio serão devidas as prestações pelo consumidor.

Também é indevida a realização de todo e qualquer serviço sem ter sido dado ao consumidor um prévio orçamento, o qual deve ser aprovado expressamente por ele. Se o fornecedor, porventura, fizer o serviço sem respeitar essas condições, deverá desfazê-lo, salvo se houver risco de dano para o consumidor ou à coisa de propriedade dele e sobre a qual recaiu o serviço, caso em que será considerado como amostra grátis, e nada será devido por ele.

Por fim, prática também corriqueira é a de não dar prazo para a conclusão de serviços ou para entrega de produtos. Trata-se de conduta evidentemente abusiva, pois deixa para o fornecedor a liberdade de cumprir a obrigação apenas no momento em que tiver interesse, em evidente prejuízo do consumidor.

Caso o serviço seja assim contratado, ou o produto assim adquirido, caberá ao consumidor exigir, inclusive judicialmente, o cumprimento em um prazo razoável e adequado à natureza da obrigação, sem prejuízo do direito à indenização por danos que tenha sofrido com a demora na satisfação da prestação.

Essas são, em apertada síntese, as principais questões envolvendo o consumismo e as práticas abusivas perpetradas pelos fornecedores que se aproveitam da ânsia dos consumidores em adquirir bens ou serviços à disposição no mercado.

Como visto, o CDC prevê inúmeras ferramentas de proteção do consumidor, sendo imperioso observar que também é dever do Estado promover políticas de conscientização das pessoas acerca do excesso de consumo, evitando que o indivíduo caia nessa perigosa teia que, em inúmeras situações, o aprisiona, causando, muitas vezes, danos irreversíveis para a si e para a sua família.

Thiago Ferreira Cardoso Neves é doutorando e mestre em Direito Civil na UERJ. Professor dos cursos de Pós-Graduação e Especialização da Escola da Magistratura do Estado do Rio de Janeiro – EMERJ, da Pontifícia Universidade Católica do Rio de Janeiro – PUC-Rio, do IBMEC-Rio e do Centro de Ensino Renato Saraiva – CERS. Coordenador e Professor do Curso de Pós-graduação em Direito Civil da UCAM/OAB-RJ. Vice-presidente administrativo da Academia Brasileira de Direito Civil – ABDC. Pesquisador visitante no Max Planck Institute for Comparative and International Private Law – Hamburgo/ALE. Advogado.

LEI Nº 8.078,
DE 11 DE SETEMBRO DE 1990

Dispõe sobre a proteção do consumidor e dá outras providências.

O PRESIDENTE DA REPÚBLICA, faço saber que o Congresso Nacional decreta e eu sanciono a seguinte lei:

TÍTULO I
DOS DIREITOS DO CONSUMIDOR

CAPÍTULO I
DISPOSIÇÕES GERAIS

Art. 1º O presente código estabelece normas de proteção e defesa do consumidor, de ordem pública e interesse social, nos termos dos arts. 5º, inciso XXXII, 170, inciso V, da Constituição Federal e art. 48 de suas Disposições Transitórias.

Art. 2º Consumidor é toda pessoa física ou jurídica que adquire ou utiliza produto ou serviço como destinatário final.

Parágrafo único. Equipara-se a consumidor a coletividade de pessoas, ainda que indetermináveis, que haja intervindo nas relações de consumo.

Art. 3º Fornecedor é toda pessoa física ou jurídica, pública ou privada, nacional ou estrangeira, bem como os entes despersonalizados, que desenvolvem atividade de produção, montagem, criação, construção, transformação, importação, exportação, distribuição ou comercialização de produtos ou prestação de serviços.

§ 1º Produto é qualquer bem, móvel ou imóvel, material ou imaterial.

§ 2º Serviço é qualquer atividade fornecida no mercado de consumo, mediante remuneração, inclusive as de natureza bancária, financeira, de crédito e securitária, salvo as decorrentes das relações de caráter trabalhista.

CAPÍTULO II
DA POLÍTICA NACIONAL DE RELAÇÕES DE CONSUMO

Art. 4º A Política Nacional das Relações de Consumo tem por objetivo o atendimento das necessidades dos consumidores, o respeito à sua dignidade, saúde e segurança, a proteção de seus interesses econômicos, a melhoria da sua qualidade de vida, bem como a transparência e harmonia das relações de consumo, atendidos os seguintes princípios: (Redação dada pela Lei nº 9.008, de 21.3.1995)

I – reconhecimento da vulnerabilidade do consumidor no mercado de consumo;
II – ação governamental no sentido de proteger efetivamente o consumidor:
a) por iniciativa direta;
b) por incentivos à criação e desenvolvimento de associações representativas;
c) pela presença do Estado no mercado de consumo;
d) pela garantia dos produtos e serviços com padrões adequados de qualidade, segurança, durabilidade e desempenho.

III – harmonização dos interesses dos participantes das relações de consumo e compatibilização da proteção do consumidor com a necessidade de desenvolvimento econômico e tecnológico, de modo a viabilizar os princípios nos quais se funda a ordem econômica (art. 170, da Constituição Federal), sempre com base na boa-fé e equilíbrio nas relações entre consumidores e fornecedores;
IV – educação e informação de fornecedores e consumidores, quanto aos seus direitos e deveres, com vistas à melhoria do mercado de consumo;
V – incentivo à criação pelos fornecedores de meios eficientes de controle de qualidade e segurança de produtos e serviços, assim como de mecanismos alternativos de solução de conflitos de consumo;
VI – coibição e repressão eficientes de todos os abusos praticados no mercado de consumo, inclusive a concorrência desleal e utilização indevida de inventos e criações industriais das marcas e nomes comerciais e signos distintivos, que possam causar prejuízos aos consumidores;
VII – racionalização e melhoria dos serviços públicos;
VIII – estudo constante das modificações do mercado de consumo.
IX – fomento de ações direcionadas à educação financeira e ambiental dos consumidores;
X – prevenção e tratamento do superendividamento como forma de evitar a exclusão social do consumidor." (NR)

Art. 5º Para a execução da Política Nacional das Relações de Consumo, contará o poder público com os seguintes instrumentos, entre outros:

I – manutenção de assistência jurídica, integral e gratuita para o consumidor carente;
II – instituição de Promotorias de Justiça de Defesa do Consumidor, no âmbito do Ministério Público;
III – criação de delegacias de polícia especializadas no atendimento de consumidores vítimas de infrações penais de consumo;
IV – criação de Juizados Especiais de Pequenas Causas e Varas Especializadas para a solução de litígios de consumo;

V – concessão de estímulos à criação e desenvolvimento das Associações de Defesa do Consumidor.

§ 1º (Vetado).

§ 2º (Vetado).

VI – instituição de mecanismos de prevenção e tratamento extrajudicial e judicial do superendividamento e de proteção do consumidor pessoa natural;

VII – instituição de núcleos de conciliação e mediação de conflitos oriundos de superendividamento.

CAPÍTULO III
DOS DIREITOS BÁSICOS DO CONSUMIDOR

Art. 6º São direitos básicos do consumidor:

I – a proteção da vida, saúde e segurança contra os riscos provocados por práticas no fornecimento de produtos e serviços considerados perigosos ou nocivos;

II – a educação e divulgação sobre o consumo adequado dos produtos e serviços, asseguradas a liberdade de escolha e a igualdade nas contratações;

III – a informação adequada e clara sobre os diferentes produtos e serviços, com especificação correta de quantidade, características, composição, qualidade, tributos incidentes e preço, bem como sobre os riscos que apresentem; (Redação dada pela Lei nº 12.741, de 2012) Vigência

IV – a proteção contra a publicidade enganosa e abusiva, métodos comerciais coercitivos ou desleais, bem como contra práticas e cláusulas abusivas ou impostas no fornecimento de produtos e serviços;

V – a modificação das cláusulas contratuais que estabeleçam prestações desproporcionais ou sua revisão em razão de fatos supervenientes que as tornem excessivamente onerosas;

VI – a efetiva prevenção e reparação de danos patrimoniais e morais, individuais, coletivos e difusos;

VII – o acesso aos órgãos judiciários e administrativos com vistas à prevenção ou reparação de danos patrimoniais e morais, individuais, coletivos ou difusos, assegurada a proteção Jurídica, administrativa e técnica aos necessitados;

VIII – a facilitação da defesa de seus direitos, inclusive com a inversão do ônus da prova, a seu favor, no processo civil, quando, a critério do juiz, for verossímil a alegação ou quando for ele hipossuficiente, segundo as regras ordinárias de experiências;

IX – (Vetado);

X – a adequada e eficaz prestação dos serviços públicos em geral.

XI – a garantia de práticas de crédito responsável, de educação financeira e de prevenção e tratamento de situações de superendividamento, preservado o mínimo existencial, nos termos da regulamentação, por meio da revisão e da repactuação da dívida, entre outras medidas;

XII – a preservação do mínimo existencial, nos termos da regulamentação, na repactuação de dívidas e na concessão de crédito;

XIII – a informação acerca dos preços dos produtos por unidade de medida, tal como por quilo, por litro, por metro ou por outra unidade, conforme o caso.

Parágrafo único. A informação de que trata o inciso III do caput deste artigo deve ser acessível à pessoa com deficiência, observado o disposto em regulamento. (Incluído pela Lei nº 13.146, de 2015) (Vigência)

Art. 7º Os direitos previstos neste código não excluem outros decorrentes de tratados ou convenções internacionais de que o Brasil seja signatário, da legislação interna ordinária, de regulamentos expedidos pelas autoridades administrativas competentes, bem como dos que derivem dos princípios gerais do direito, analogia, costumes e eqüidade.

Parágrafo único. Tendo mais de um autor a ofensa, todos responderão solidariamente pela reparação dos danos previstos nas normas de consumo.

CAPÍTULO IV
DA QUALIDADE DE PRODUTOS E SERVIÇOS, DA PREVENÇÃO E DA REPARAÇÃO DOS DANOS

SEÇÃO I
DA PROTEÇÃO À SAÚDE E SEGURANÇA

Art. 8º Os produtos e serviços colocados no mercado de consumo não acarretarão riscos à saúde ou segurança dos consumidores, exceto os considerados normais e previsíveis em decorrência de sua natureza e fruição, obrigando-se os fornecedores, em qualquer hipótese, a dar as informações necessárias e adequadas a seu respeito.

§ 1º Em se tratando de produto industrial, ao fabricante cabe prestar as informações a que se refere este artigo, através de impressos apropriados que devam acompanhar o produto. (Redação dada pela Lei nº 13.486, de 2017)

§ 2º O fornecedor deverá higienizar os equipamentos e utensílios utilizados no fornecimento de produtos ou serviços, ou colocados à disposição do consumidor, e informar, de maneira ostensiva e adequada, quando for o caso, sobre o risco de contaminação. (Incluído pela Lei nº 13.486, de 2017)

Art. 9º O fornecedor de produtos e serviços potencialmente nocivos ou perigosos à saúde ou segurança deverá informar, de maneira ostensiva e adequada, a respeito da sua nocividade ou periculosidade, sem prejuízo da adoção de outras medidas cabíveis em cada caso concreto.

Art. 10. O fornecedor não poderá colocar no mercado de consumo produto ou serviço que sabe ou deveria saber apresentar alto grau de nocividade ou periculosidade à saúde ou segurança.

§ 1º O fornecedor de produtos e serviços que, posteriormente à sua introdução no mercado de consumo, tiver conhecimento da periculosidade que apresentem, deverá comunicar o fato imediatamente às autoridades competentes e aos consumidores, mediante anúncios publicitários.

§ 2º Os anúncios publicitários a que se refere o parágrafo anterior serão veiculados na imprensa, rádio e televisão, às expensas do fornecedor do produto ou serviço.

§ 3º Sempre que tiverem conhecimento de periculosidade de produtos ou serviços à saúde ou segurança dos consumidores, a União, os Estados, o Distrito Federal e os Municípios deverão informá-los a respeito.

Art. 11. (Vetado).

SEÇÃO II
DA RESPONSABILIDADE PELO FATO DO PRODUTO E DO SERVIÇO

Art. 12. O fabricante, o produtor, o construtor, nacional ou estrangeiro, e o importador respondem, independentemente da existência de culpa, pela reparação dos danos causados aos consumidores por defeitos decorrentes de projeto, fabricação, construção, montagem, fórmulas, manipulação, apresentação ou acondicionamento de seus produtos, bem como por informações insuficientes ou inadequadas sobre sua utilização e riscos.

§ 1º O produto é defeituoso quando não oferece a segurança que dele legitimamente se espera, levando-se em consideração as circunstâncias relevantes, entre as quais:

I – sua apresentação;

II – o uso e os riscos que razoavelmente dele se esperam;

III – a época em que foi colocado em circulação.

§ 2º O produto não é considerado defeituoso pelo fato de outro de melhor qualidade ter sido colocado no mercado.

§ 3º O fabricante, o construtor, o produtor ou importador só não será responsabilizado quando provar:

I – que não colocou o produto no mercado;

II – que, embora haja colocado o produto no mercado, o defeito inexiste;

III – a culpa exclusiva do consumidor ou de terceiro.

Art. 13. O comerciante é igualmente responsável, nos termos do artigo anterior, quando:

I – o fabricante, o construtor, o produtor ou o importador não puderem ser identificados;
II – o produto for fornecido sem identificação clara do seu fabricante, produtor, construtor ou importador;
III – não conservar adequadamente os produtos perecíveis.
Parágrafo único. Aquele que efetivar o pagamento ao prejudicado poderá exercer o direito de regresso contra os demais responsáveis, segundo sua participação na causação do evento danoso.
Art. 14. O fornecedor de serviços responde, independentemente da existência de culpa, pela reparação dos danos causados aos consumidores por defeitos relativos à prestação dos serviços, bem como por informações insuficientes ou inadequadas sobre sua fruição e riscos.
§ 1º O serviço é defeituoso quando não fornece a segurança que o consumidor dele pode esperar, levando-se em consideração as circunstâncias relevantes, entre as quais:
I – o modo de seu fornecimento;
II – o resultado e os riscos que razoavelmente dele se esperam;
III – a época em que foi fornecido.
§ 2º O serviço não é considerado defeituoso pela adoção de novas técnicas.
§ 3º O fornecedor de serviços só não será responsabilizado quando provar:
I – que, tendo prestado o serviço, o defeito inexiste;
II – a culpa exclusiva do consumidor ou de terceiro.
§ 4º A responsabilidade pessoal dos profissionais liberais será apurada mediante a verificação de culpa.
Art. 15. (Vetado).
Art. 16. (Vetado).
Art. 17. Para os efeitos desta Seção, equiparam-se aos consumidores todas as vítimas do evento.

SEÇÃO III

DA RESPONSABILIDADE POR VÍCIO DO PRODUTO E DO SERVIÇO

Art. 18. Os fornecedores de produtos de consumo duráveis ou não duráveis respondem solidariamente pelos vícios de qualidade ou quantidade que os tornem impróprios ou inadequados ao consumo a que se destinam ou lhes diminuam o valor, assim como por aqueles decorrentes da disparidade, com a indicações constantes do recipiente, da embalagem, rotulagem ou mensagem publicitária, respeitadas as variações decorrentes de sua natureza, podendo o consumidor exigir a substituição das partes viciadas.

§ 1º Não sendo o vício sanado no prazo máximo de trinta dias, pode o consumidor exigir, alternativamente e à sua escolha:
I – a substituição do produto por outro da mesma espécie, em perfeitas condições de uso;
II – a restituição imediata da quantia paga, monetariamente atualizada, sem prejuízo de eventuais perdas e danos;
III – o abatimento proporcional do preço.

§ 2º Poderão as partes convencionar a redução ou ampliação do prazo previsto no parágrafo anterior, não podendo ser inferior a sete nem superior a cento e oitenta dias. Nos contratos de adesão, a cláusula de prazo deverá ser convencionada em separado, por meio de manifestação expressa do consumidor.

§ 3º O consumidor poderá fazer uso imediato das alternativas do § 1º deste artigo sempre que, em razão da extensão do vício, a substituição das partes viciadas puder comprometer a qualidade ou características do produto, diminuir-lhe o valor ou se tratar de produto essencial.

§ 4º Tendo o consumidor optado pela alternativa do inciso I do § 1º deste artigo, e não sendo possível a substituição do bem, poderá haver substituição por outro de espécie, marca ou modelo diversos, mediante complementação ou restituição de eventual diferença de preço, sem prejuízo do disposto nos incisos II e III do § 1º deste artigo.

§ 5º No caso de fornecimento de produtos in natura, será responsável perante o consumidor o fornecedor imediato, exceto quando identificado claramente seu produtor.

§ 6º São impróprios ao uso e consumo:
I – os produtos cujos prazos de validade estejam vencidos;
II – os produtos deteriorados, alterados, adulterados, avariados, falsificados, corrompidos, fraudados, nocivos à vida ou à saúde, perigosos ou, ainda, aqueles em desacordo com as normas regulamentares de fabricação, distribuição ou apresentação;
III – os produtos que, por qualquer motivo, se revelem inadequados ao fim a que se destinam.

Art. 19. Os fornecedores respondem solidariamente pelos vícios de quantidade do produto sempre que, respeitadas as variações decorrentes de sua natureza, seu conteúdo líquido for inferior às indicações constantes do recipiente, da embalagem, rotulagem ou de mensagem publicitária, podendo o consumidor exigir, alternativamente e à sua escolha:
I – o abatimento proporcional do preço;
II – complementação do peso ou medida;

III – a substituição do produto por outro da mesma espécie, marca ou modelo, sem os aludidos vícios;

IV – a restituição imediata da quantia paga, monetariamente atualizada, sem prejuízo de eventuais perdas e danos.

§ 1º Aplica-se a este artigo o disposto no § 4º do artigo anterior.

§ 2º O fornecedor imediato será responsável quando fizer a pesagem ou a medição e o instrumento utilizado não estiver aferido segundo os padrões oficiais.

Art. 20. O fornecedor de serviços responde pelos vícios de qualidade que os tornem impróprios ao consumo ou lhes diminuam o valor, assim como por aqueles decorrentes da disparidade com as indicações constantes da oferta ou mensagem publicitária, podendo o consumidor exigir, alternativamente e à sua escolha:

I – a reexecução dos serviços, sem custo adicional e quando cabível;

II – a restituição imediata da quantia paga, monetariamente atualizada, sem prejuízo de eventuais perdas e danos;

III – o abatimento proporcional do preço.

§ 1º A reexecução dos serviços poderá ser confiada a terceiros devidamente capacitados, por conta e risco do fornecedor.

§ 2º São impróprios os serviços que se mostrem inadequados para os fins que razoavelmente deles se esperam, bem como aqueles que não atendam as normas regulamentares de prestabilidade.

Art. 21. No fornecimento de serviços que tenham por objetivo a reparação de qualquer produto considerar-se-á implícita a obrigação do fornecedor de empregar componentes de reposição originais adequados e novos, ou que mantenham as especificações técnicas do fabricante, salvo, quanto a estes últimos, autorização em contrário do consumidor.

Art. 22. Os órgãos públicos, por si ou suas empresas, concessionárias, permissionárias ou sob qualquer outra forma de empreendimento, são obrigados a fornecer serviços adequados, eficientes, seguros e, quanto aos essenciais, contínuos.

Parágrafo único. Nos casos de descumprimento, total ou parcial, das obrigações referidas neste artigo, serão as pessoas jurídicas compelidas a cumpri-las e a reparar os danos causados, na forma prevista neste código.

Art. 23. A ignorância do fornecedor sobre os vícios de qualidade por inadequação dos produtos e serviços não o exime de responsabilidade.

Art. 24. A garantia legal de adequação do produto ou serviço independe de termo expresso, vedada a exoneração contratual do fornecedor.

Art. 25. É vedada a estipulação contratual de cláusula que impossibilite, exonere ou atenue a obrigação de indenizar prevista nesta e nas seções anteriores.

§ 1º Havendo mais de um responsável pela causação do dano, todos responderão solidariamente pela reparação prevista nesta e nas seções anteriores.

§ 2º Sendo o dano causado por componente ou peça incorporada ao produto ou serviço, são responsáveis solidários seu fabricante, construtor ou importador e o que realizou a incorporação.

SEÇÃO IV
DA DECADÊNCIA E DA PRESCRIÇÃO

Art. 26. O direito de reclamar pelos vícios aparentes ou de fácil constatação caduca em:
I – trinta dias, tratando-se de fornecimento de serviço e de produtos não duráveis;
II – noventa dias, tratando-se de fornecimento de serviço e de produtos duráveis.

§ 1º Inicia-se a contagem do prazo decadencial a partir da entrega efetiva do produto ou do término da execução dos serviços.

§ 2º Obstam a decadência:
I – a reclamação comprovadamente formulada pelo consumidor perante o fornecedor de produtos e serviços até a resposta negativa correspondente, que deve ser transmitida de forma inequívoca;
II – (Vetado).
III – a instauração de inquérito civil, até seu encerramento.

§ 3º Tratando-se de vício oculto, o prazo decadencial inicia-se no momento em que ficar evidenciado o defeito.

Art. 27. Prescreve em cinco anos a pretensão à reparação pelos danos causados por fato do produto ou do serviço prevista na Seção II deste Capítulo, iniciando-se a contagem do prazo a partir do conhecimento do dano e de sua autoria.

Parágrafo único. (Vetado).

SEÇÃO V
DA DESCONSIDERAÇÃO DA PERSONALIDADE JURÍDICA

Art. 28. O juiz poderá desconsiderar a personalidade jurídica da sociedade quando, em detrimento do consumidor, houver abuso de direito, excesso de poder, infração da lei, fato ou ato ilícito ou violação dos estatutos ou contrato social. A desconsideração também será efetivada quando houver falência, estado de insolvência, encerramento ou inatividade da pessoa jurídica provocados por má administração.

§ 1º (Vetado).

§ 2º As sociedades integrantes dos grupos societários e as sociedades controladas, são subsidiariamente responsáveis pelas obrigações decorrentes deste código.

§ 3º As sociedades consorciadas são solidariamente responsáveis pelas obrigações decorrentes deste código.

§ 4º As sociedades coligadas só responderão por culpa.

§ 5º Também poderá ser desconsiderada a pessoa jurídica sempre que sua personalidade for, de alguma forma, obstáculo ao ressarcimento de prejuízos causados aos consumidores.

CAPÍTULO V
DAS PRÁTICAS COMERCIAIS

SEÇÃO I
DAS DISPOSIÇÕES GERAIS

Art. 29. Para os fins deste Capítulo e do seguinte, equiparam-se aos consumidores todas as pessoas determináveis ou não, expostas às práticas nele previstas.

SEÇÃO II
DA OFERTA

Art. 30. Toda informação ou publicidade, suficientemente precisa, veiculada por qualquer forma ou meio de comunicação com relação a produtos e serviços oferecidos ou apresentados, obriga o fornecedor que a fizer veicular ou dela se utilizar e integra o contrato que vier a ser celebrado.

Art. 31. A oferta e apresentação de produtos ou serviços devem assegurar informações corretas, claras, precisas, ostensivas e em língua portuguesa sobre suas características, qualidades, quantidade, composição, preço, garantia, prazos de validade e origem, entre outros dados, bem como sobre os riscos que apresentam à saúde e segurança dos consumidores.

Parágrafo único. As informações de que trata este artigo, nos produtos refrigerados oferecidos ao consumidor, serão gravadas de forma indelével. (Incluído pela Lei nº 11.989, de 2009)

Art. 32. Os fabricantes e importadores deverão assegurar a oferta de componentes e peças de reposição enquanto não cessar a fabricação ou importação do produto.

Parágrafo único. Cessadas a produção ou importação, a oferta deverá ser mantida por período razoável de tempo, na forma da lei.

Art. 33. Em caso de oferta ou venda por telefone ou reembolso postal, deve constar o nome do fabricante e endereço na embalagem, publicidade e em todos os impressos utilizados na transação comercial.

Parágrafo único. É proibida a publicidade de bens e serviços por telefone, quando a chamada for onerosa ao consumidor que a origina. (Incluído pela Lei nº 11.800, de 2008).

Art. 34. O fornecedor do produto ou serviço é solidariamente responsável pelos atos de seus prepostos ou representantes autônomos.

Art. 35. Se o fornecedor de produtos ou serviços recusar cumprimento à oferta, apresentação ou publicidade, o consumidor poderá, alternativamente e à sua livre escolha:

I – exigir o cumprimento forçado da obrigação, nos termos da oferta, apresentação ou publicidade;

II – aceitar outro produto ou prestação de serviço equivalente;

III – rescindir o contrato, com direito à restituição de quantia eventualmente antecipada, monetariamente atualizada, e a perdas e danos.

SEÇÃO III
DA PUBLICIDADE

Art. 36. A publicidade deve ser veiculada de tal forma que o consumidor, fácil e imediatamente, a identifique como tal.

Parágrafo único. O fornecedor, na publicidade de seus produtos ou serviços, manterá, em seu poder, para informação dos legítimos interessados, os dados fáticos, técnicos e científicos que dão sustentação à mensagem.

Art. 37. É proibida toda publicidade enganosa ou abusiva.

§ 1º É enganosa qualquer modalidade de informação ou comunicação de caráter publicitário, inteira ou parcialmente falsa, ou, por qualquer outro modo, mesmo por omissão, capaz de induzir em erro o consumidor a respeito da natureza, características, qualidade, quantidade, propriedades, origem, preço e quaisquer outros dados sobre produtos e serviços.

§ 2º É abusiva, dentre outras a publicidade discriminatória de qualquer natureza, a que incite à violência, explore o medo ou a superstição, se aproveite da deficiência de julgamento e experiência da criança, desrespeita valores ambientais, ou que seja capaz de induzir o consumidor a se comportar de forma prejudicial ou perigosa à sua saúde ou segurança.

§ 3º Para os efeitos deste código, a publicidade é enganosa por omissão quando deixar de informar sobre dado essencial do produto ou serviço.

§ 4º (Vetado).

Art. 38. O ônus da prova da veracidade e correção da informação ou comunicação publicitária cabe a quem as patrocina.

SEÇÃO IV
DAS PRÁTICAS ABUSIVAS

Art. 39. É vedado ao fornecedor de produtos ou serviços, dentre outras práticas abusivas: (Redação dada pela Lei nº 8.884, de 11.6.1994)

I – condicionar o fornecimento de produto ou de serviço ao fornecimento de outro produto ou serviço, bem como, sem justa causa, a limites quantitativos;

II – recusar atendimento às demandas dos consumidores, na exata medida de suas disponibilidades de estoque, e, ainda, de conformidade com os usos e costumes;

III – enviar ou entregar ao consumidor, sem solicitação prévia, qualquer produto, ou fornecer qualquer serviço;

IV – prevalecer-se da fraqueza ou ignorância do consumidor, tendo em vista sua idade, saúde, conhecimento ou condição social, para impingir-lhe seus produtos ou serviços;

V – exigir do consumidor vantagem manifestamente excessiva;

VI – executar serviços sem a prévia elaboração de orçamento e autorização expressa do consumidor, ressalvadas as decorrentes de práticas anteriores entre as partes;

VII – repassar informação depreciativa, referente a ato praticado pelo consumidor no exercício de seus direitos;

VIII – colocar, no mercado de consumo, qualquer produto ou serviço em desacordo com as normas expedidas pelos órgãos oficiais competentes ou, se normas específicas não existirem, pela Associação Brasileira de Normas Técnicas ou outra entidade credenciada pelo Conselho Nacional de Metrologia, Normalização e Qualidade Industrial (Conmetro);

IX – recusar a venda de bens ou a prestação de serviços, diretamente a quem se disponha a adquiri-los mediante pronto pagamento, ressalvados os casos de intermediação regulados em leis especiais;(Redação dada pela Lei nº 8.884, de 11.6.1994)

X – elevar sem justa causa o preço de produtos ou serviços. (Incluído pela Lei nº 8.884, de 11.6.1994)

XI – Dispositivo incluído pela MPV nº 1.890-67, de 22.10.1999, transformado em inciso XIII, quando da conversão na Lei nº 9.870, de 23.11.1999

XII – deixar de estipular prazo para o cumprimento de sua obrigação ou deixar a fixação de seu termo inicial a seu exclusivo critério.(Incluído pela Lei nº 9.008, de 21.3.1995)

XIII – aplicar fórmula ou índice de reajuste diverso do legal ou contratualmente estabelecido. (Incluído pela Lei nº 9.870, de 23.11.1999)

XIV – permitir o ingresso em estabelecimentos comerciais ou de serviços de um número maior de consumidores que o fixado pela autoridade administrativa como máximo. * Inciso XIV acrescentado pela Lei nº 13.425, de 30.3.2017

Parágrafo único. Os serviços prestados e os produtos remetidos ou entregues ao consumidor, na hipótese prevista no inciso III, equiparam-se às amostras grátis, inexistindo obrigação de pagamento.

Art. 40. O fornecedor de serviço será obrigado a entregar ao consumidor orçamento prévio discriminando o valor da mãode-obra, dos materiais e equipamentos a serem empregados, as condições de pagamento, bem como as datas de início e término dos serviços.

§ 1º Salvo estipulação em contrário, o valor orçado terá validade pelo prazo de dez dias, contado de seu recebimento pelo consumidor.

§ 2º Uma vez aprovado pelo consumidor, o orçamento obriga os contraentes e somente pode ser alterado mediante livre negociação das partes.

§ 3º O consumidor não responde por quaisquer ônus ou acréscimos decorrentes da contratação de serviços de terceiros não previstos no orçamento prévio.

Art. 41. No caso de fornecimento de produtos ou de serviços sujeitos ao regime de controle ou de tabelamento de preços, os fornecedores deverão respeitar os limites oficiais sob pena de não o fazendo, responderem pela restituição da quantia recebida em excesso, monetariamente atualizada, podendo o consumidor exigir à sua escolha, o desfazimento do negócio, sem prejuízo de outras sanções cabíveis.

SEÇÃO V
DA COBRANÇA DE DÍVIDAS

Art. 42. Na cobrança de débitos, o consumidor inadimplente não será exposto a ridículo, nem será submetido a qualquer tipo de constrangimento ou ameaça.

Parágrafo único. O consumidor cobrado em quantia indevida tem direito à repetição do indébito, por valor igual ao dobro do que pagou em excesso, acrescido de correção monetária e juros legais, salvo hipótese de engano justificável.

Art. 42-A. Em todos os documentos de cobrança de débitos apresentados ao consumidor, deverão constar o nome, o endereço e o número de inscrição no Cadastro de Pessoas Físicas – CPF ou no Cadastro Nacional de Pessoa Jurídica – CNPJ do fornecedor do produto ou serviço correspondente. (Incluído pela Lei nº 12.039, de 2009).

SEÇÃO VI
DOS BANCOS DE DADOS E CADASTROS DE CONSUMIDORES

Art. 43. O consumidor, sem prejuízo do disposto no art. 86, terá acesso às informações existentes em cadastros, fichas, registros e dados pessoais e de consumo arquivados sobre ele, bem como sobre as suas respectivas fontes.

§ 1º Os cadastros e dados de consumidores devem ser objetivos, claros, verdadeiros e em linguagem de fácil compreensão, não podendo conter informações negativas referentes a período superior a cinco anos.

§ 2º A abertura de cadastro, ficha, registro e dados pessoais e de consumo deverá ser comunicada por escrito ao consumidor, quando não solicitada por ele.

§ 3º O consumidor, sempre que encontrar inexatidão nos seus dados e cadastros, poderá exigir sua imediata correção, devendo o arquivista, no prazo de cinco dias úteis, comunicar a alteração aos eventuais destinatários das informações incorretas.

§ 4º Os bancos de dados e cadastros relativos a consumidores, os serviços de proteção ao crédito e congêneres são considerados entidades de caráter público.

§ 5º Consumada a prescrição relativa à cobrança de débitos do consumidor, não serão fornecidas, pelos respectivos Sistemas de Proteção ao Crédito, quaisquer informações que possam impedir ou dificultar novo acesso ao crédito junto aos fornecedores.

§ 6º Todas as informações de que trata o caput deste artigo devem ser disponibilizadas em formatos acessíveis, inclusive para a pessoa com deficiência, mediante solicitação do consumidor. (Incluído pela Lei nº 13.146, de 2015)

Art. 44. Os órgãos públicos de defesa do consumidor manterão cadastros atualizados de reclamações fundamentadas contra fornecedores de produtos e serviços, devendo divulgá-lo pública e anualmente. A divulgação indicará se a reclamação foi atendida ou não pelo fornecedor.

§ 1º É facultado o acesso às informações lá constantes para orientação e consulta por qualquer interessado.

§ 2º Aplicam-se a este artigo, no que couber, as mesmas regras enunciadas no artigo anterior e as do **parágrafo único** do art. 22 deste código.

Art. 45. (Vetado).

CAPÍTULO VI
DA PROTEÇÃO CONTRATUAL

SEÇÃO I DISPOSIÇÕES GERAIS

Art. 46. Os contratos que regulam as relações de consumo não obrigarão os consumidores, se não lhes for dada a oportunidade de tomar conhecimento prévio de seu conteúdo, ou se os respectivos instrumentos forem redigidos de modo a dificultar a compreensão de seu sentido e alcance.

Art. 47. As cláusulas contratuais serão interpretadas de maneira mais favorável ao consumidor.

Art. 48. As declarações de vontade constantes de escritos particulares, recibos e pré-contratos relativos às relações de consumo vinculam o fornecedor, ensejando inclusive execução específica, nos termos do art. 84 e parágrafos.

Art. 49. O consumidor pode desistir do contrato, no prazo de 7 dias a contar de sua assinatura ou do ato de recebimento do produto ou serviço, sempre que a contratação de fornecimento de produtos e serviços ocorrer fora do estabelecimento comercial, especialmente por telefone ou a domicílio.

Parágrafo único. Se o consumidor exercitar o direito de arrependimento previsto neste artigo, os valores eventualmente pagos, a qualquer título, durante o prazo de reflexão, serão devolvidos, de imediato, monetariamente atualizados.

Art. 50. A garantia contratual é complementar à legal e será conferida mediante termo escrito.

Parágrafo único. O termo de garantia ou equivalente deve ser padronizado e esclarecer, de maneira adequada em que consiste a mesma garantia, bem como a forma, o prazo e o lugar em que pode ser exercitada e os ônus a cargo do consumidor, devendo ser-lhe entregue, devidamente preenchido pelo fornecedor, no ato do fornecimento, acompanhado de manual de instrução, de instalação e uso do produto em linguagem didática, com ilustrações.

SEÇÃO II
DAS CLÁUSULAS ABUSIVAS

Art. 51. São nulas de pleno direito, entre outras, as cláusulas contratuais relativas ao fornecimento de produtos e serviços que:

I – impossibilitem, exonerem ou atenuem a responsabilidade do fornecedor por vícios de qualquer natureza dos produtos e serviços ou impliquem renúncia ou disposição de direitos. Nas relações de consumo entre o fornecedor e o consumidor pessoa jurídica, a indenização poderá ser limitada, em situações justificáveis;

II – subtraiam ao consumidor a opção de reembolso da quantia já paga, nos casos previstos neste código;

III – transfiram responsabilidades a terceiros;

IV – estabeleçam obrigações consideradas iníquas, abusivas, que coloquem o consumidor em desvantagem exagerada, ou sejam incompatíveis com a boa-fé ou a eqüidade;

V – (Vetado);

VI – estabeleçam inversão do ônus da prova em prejuízo do consumidor; VII – determinem a utilização compulsória de arbitragem;

VIII – imponham representante para concluir ou realizar outro negócio jurídico pelo consumidor;

IX – deixem ao fornecedor a opção de concluir ou não o contrato, embora obrigando o consumidor;

X – permitam ao fornecedor, direta ou indiretamente, variação do preço de maneira unilateral;

XI – autorizem o fornecedor a cancelar o contrato unilateralmente, sem que igual direito seja conferido ao consumidor;

XII – obriguem o consumidor a ressarcir os custos de cobrança de sua obrigação, sem que igual direito lhe seja conferido contra o fornecedor;

XIII – autorizem o fornecedor a modificar unilateralmente o conteúdo ou a qualidade do contrato, após sua celebração;

XIV – infrinjam ou possibilitem a violação de normas ambientais;

XV – estejam em desacordo com o sistema de proteção ao consumidor;

XVI – possibilitem a renúncia do direito de indenização por benfeitorias necessárias.

XVII - condicionem ou limitem de qualquer forma o acesso aos órgãos do Poder Judiciário;

XVIII –estabeleçam prazos de carência em caso de impontualidade das prestações mensais ou impeçam o restabelecimento integral dos direitos do consumidor e de seus meios de pagamento a partir da purgação da mora ou do acordo com os credores;

XIX – (Vetado).

§ 1º Presume-se exagerada, entre outros casos, a vantagem que:

I – ofende os princípios fundamentais do sistema jurídico a que pertence;

II – restringe direitos ou obrigações fundamentais inerentes à natureza do contrato, de tal modo a ameaçar seu objeto ou equilíbrio contratual;

III – se mostra excessivamente onerosa para o consumidor, considerando-se a natureza e conteúdo do contrato, o interesse das partes e outras circunstâncias peculiares ao caso.

§ 2º A nulidade de uma cláusula contratual abusiva não invalida o contrato, exceto quando de sua ausência, apesar dos esforços de integração, decorrer ônus excessivo a qualquer das partes.

§ 3º (Vetado).

§ 4º É facultado a qualquer consumidor ou entidade que o represente requerer ao Ministério Público que ajuíze a competente ação para ser declarada a nulidade de cláusula contratual que contrarie o disposto neste código ou de qualquer forma não assegure o justo equilíbrio entre direitos e obrigações das partes.

Art. 52. No fornecimento de produtos ou serviços que envolva outorga de crédito ou concessão de financiamento ao consumidor, o fornecedor deverá, entre outros requisitos, informá-lo prévia e adequadamente sobre:

I – preço do produto ou serviço em moeda corrente nacional;

II - montante dos juros de mora e da taxa efetiva anual de juros;
III - acréscimos legalmente previstos;
IV - número e periodicidade das prestações;
V - soma total a pagar, com e sem financiamento.

§ 1º As multas de mora decorrentes do inadimplemento de obrigações no seu termo não poderão ser superiores a dois por cento do valor da prestação.(Redação dada pela Lei nº 9.298, de 1º.8.1996)

§ 2º É assegurado ao consumidor a liquidação antecipada do débito, total ou parcialmente, mediante redução proporcional dos juros e demais acréscimos.

§ 3º (Vetado).

Art. 53. Nos contratos de compra e venda de móveis ou imóveis mediante pagamento em prestações, bem como nas alienações fiduciárias em garantia, consideram-se nulas de pleno direito as cláusulas que estabeleçam a perda total das prestações pagas em benefício do credor que, em razão do inadimplemento, pleitear a resolução do contrato e a retomada do produto alienado.

§ 1º (Vetado).

§ 2º Nos contratos do sistema de consórcio de produtos duráveis, a compensação ou a restituição das parcelas quitadas, na forma deste artigo, terá descontada, além da vantagem econômica auferida com a fruição, os prejuízos que o desistente ou inadimplente causar ao grupo.

§ 3º Os contratos de que trata o caput deste artigo serão expressos em moeda corrente nacional.

SEÇÃO III
DOS CONTRATOS DE ADESÃO

Art. 54. Contrato de adesão é aquele cujas cláusulas tenham sido aprovadas pela autoridade competente ou estabelecidas unilateralmente pelo fornecedor de produtos ou serviços, sem que o consumidor possa discutir ou modificar substancialmente seu conteúdo.

§ 1º A inserção de cláusula no formulário não desfigura a natureza de adesão do contrato.

§ 2º Nos contratos de adesão admite-se cláusula resolutória, desde que a alternativa, cabendo a escolha ao consumidor, ressalvando-se o disposto no § 2º do artigo anterior.

§ 3º Os contratos de adesão escritos serão redigidos em termos claros e com caracteres ostensivos e legíveis, cujo tamanho da fonte não será inferior ao corpo doze, de modo a facilitar sua compreensão pelo consumidor. (Redação dada pela nº 11.785, de 2008)

§ 4º As cláusulas que implicarem limitação de direito do consumidor deverão ser redigidas com destaque, permitindo sua imediata e fácil compreensão.

§ 5º (Vetado)

CAPÍTULO VI-A
DA PREVENÇÃO E DO TRATAMENTO DO SUPERENDIVIDAMENTO

Art. 54-A. Este Capítulo dispõe sobre a prevenção do superendividamento da pessoa natural, sobre o crédito responsável e sobre a educação financeira do consumidor.

§ 1º Entende-se por superendividamento a impossibilidade manifesta de o consumidor pessoa natural, de boa-fé, pagar a totalidade de suas dívidas de consumo, exigíveis e vincendas, sem comprometer seu mínimo existencial, nos termos da regulamentação.

§ 2º As dívidas referidas no § 1º deste artigo englobam quaisquer compromissos financeiros assumidos decorrentes de relação de consumo, inclusive operações de crédito, compras a prazo e serviços de prestação continuada.

§ 3º O disposto neste Capítulo não se aplica ao consumidor cujas dívidas tenham sido contraídas mediante fraude ou má-fé, sejam oriundas de contratos celebrados dolosamente com o propósito de não realizar o pagamento ou decorram da aquisição ou contratação de produtos e serviços de luxo de alto valor.'

Art. 54-B. No fornecimento de crédito e na venda a prazo, além das informações obrigatórias previstas no art. 52 deste Código e na legislação aplicável à matéria, o fornecedor ou o intermediário deverá informar o consumidor, prévia e adequadamente, no momento da oferta, sobre:

I - o custo efetivo total e a descrição dos elementos que o compõem;

II - a taxa efetiva mensal de juros, bem como a taxa dos juros de mora e o total de encargos, de qualquer natureza, previstos para o atraso no pagamento;

III - o montante das prestações e o prazo de validade da oferta, que deve ser, no mínimo, de 2 (dois) dias;

IV - o nome e o endereço, inclusive o eletrônico, do fornecedor;

V - o direito do consumidor à liquidação antecipada e não onerosa do débito, nos termos do § 2º do art. 52 deste Código e da regulamentação em vigor.

§ 1º As informações referidas no art. 52 deste Código e no caput deste artigo devem constar de forma clara e resumida do próprio contrato, da fatura ou de instrumento apartado, de fácil acesso ao consumidor.

§ 2º Para efeitos deste Código, o custo efetivo total da operação de crédito ao consumidor consistirá em taxa percentual anual e compreenderá todos os valores cobrados do consumidor, sem prejuízo do cálculo padronizado pela autoridade reguladora do sistema financeiro.

§ 3º Sem prejuízo do disposto no art. 37 deste Código, a oferta de crédito ao consumidor e a oferta de venda a prazo, ou a fatura mensal, conforme o caso, devem indicar, no mínimo, o custo efetivo total, o agente financiador e a soma total a pagar, com e sem financiamento."

Art. 54-C. É vedado, expressa ou implicitamente, na oferta de crédito ao consumidor, publicitária ou não:

I - (Vetado);

II - indicar que a operação de crédito poderá ser concluída sem consulta a serviços de proteção ao crédito ou sem avaliação da situação financeira do consumidor;

III - ocultar ou dificultar a compreensão sobre os ônus e os riscos da contratação do crédito ou da venda a prazo;

IV - assediar ou pressionar o consumidor para contratar o fornecimento de produto, serviço ou crédito, principalmente se se tratar de consumidor idoso, analfabeto, doente ou em estado de vulnerabilidade agravada ou se a contratação envolver prêmio;

V - condicionar o atendimento de pretensões do consumidor ou o início de tratativas à renúncia ou à desistência de demandas judiciais, ao pagamento de honorários advocatícios ou a depósitos judiciais.

Parágrafo único. (Vetado)."

Art. 54-D. Na oferta de crédito, previamente à contratação, o fornecedor ou o intermediário deverá, entre outras condutas:

I - informar e esclarecer adequadamente o consumidor, considerada sua idade, sobre a natureza e a modalidade do crédito oferecido, sobre todos os custos incidentes, observado o disposto nos arts. 52 e 54-B deste Código, e sobre as consequências genéricas e específicas do inadimplemento;

II - avaliar, de forma responsável, as condições de crédito do consumidor, mediante análise das informações disponíveis em bancos de dados de proteção ao crédito, observado o disposto neste Código e na legislação sobre proteção de dados;

III - informar a identidade do agente financiador e entregar ao consumidor, ao garante e a outros coobrigados cópia do contrato de crédito.

Parágrafo único. O descumprimento de qualquer dos deveres previstos no caput deste artigo e nos arts. 52 e 54-C deste Código poderá acarretar judicialmente a redução dos juros, dos encargos ou de qualquer acréscimo ao principal e a dilação do prazo de pagamento previsto no contrato original, conforme a gravidade da conduta do fornecedor e as possibilidades financeiras do consumidor, sem prejuízo de outras sanções e de indenização por perdas e danos, patrimoniais e morais, ao consumidor."

Art. 54-E. (Vetado).

Art. 54-F. São conexos, coligados ou interdependentes, entre outros, o contrato principal de fornecimento de produto ou serviço e os contratos acessórios de crédito que lhe garantam o financiamento quando o fornecedor de crédito:

I - recorrer aos serviços do fornecedor de produto ou serviço para a preparação ou a conclusão do contrato de crédito;

II - oferecer o crédito no local da atividade empresarial do fornecedor de produto ou serviço financiado ou onde o contrato principal for celebrado.

§ 1º O exercício do direito de arrependimento nas hipóteses previstas neste Código, no contrato principal ou no contrato de crédito, implica a resolução de pleno direito do contrato que lhe seja conexo.

§ 2º Nos casos dos incisos I e II do caput deste artigo, se houver inexecução de qualquer das obrigações e deveres do fornecedor de produto ou serviço, o consumidor poderá requerer a rescisão do contrato não cumprido contra o fornecedor do crédito.

§ 3º O direito previsto no § 2º deste artigo caberá igualmente ao consumidor:

I - contra o portador de cheque pós-datado emitido para aquisição de produto ou serviço a prazo;

II - contra o administrador ou o emitente de cartão de crédito ou similar quando o cartão de crédito ou similar e o produto ou serviço forem fornecidos pelo mesmo fornecedor ou por entidades pertencentes a um mesmo grupo econômico.

§ 4º A invalidade ou a ineficácia do contrato principal implicará, de pleno direito, a do contrato de crédito que lhe seja conexo, nos termos do caput deste artigo, ressalvado ao fornecedor do crédito o direito de obter do fornecedor do produto ou serviço a devolução dos valores entregues, inclusive relativamente a tributos.

Art. 54-G. Sem prejuízo do disposto no art. 39 deste Código e na legislação aplicável à matéria, é vedado ao fornecedor de produto ou serviço que envolva crédito, entre outras condutas:

I - realizar ou proceder à cobrança ou ao débito em conta de qualquer quantia que houver sido contestada pelo consumidor em compra realizada com cartão de crédito ou similar, enquanto não for adequadamente solucionada a controvérsia, desde que o consumidor haja notificado a administradora do cartão com antecedência de pelo menos 10 (dez) dias contados da data de vencimento da fatura, vedada a manutenção do valor na fatura seguinte e assegurado ao consumidor o direito de deduzir do total da fatura o valor em disputa e efetuar o pagamento da parte não contestada, podendo o emissor lançar como crédito em confiança o valor idêntico ao da transação contestada que tenha sido cobrada, enquanto não encerrada a apuração da contestação;

II - recusar ou não entregar ao consumidor, ao garante e aos outros coobrigados cópia da minuta do contrato principal de consumo ou do contrato de crédito, em papel ou outro suporte duradouro, disponível e acessível, e, após a conclusão, cópia do contrato;

III - impedir ou dificultar, em caso de utilização fraudulenta do cartão de crédito ou similar, que o consumidor peça e obtenha, quando aplicável, a anulação ou o imediato bloqueio do pagamento, ou ainda a restituição dos valores indevidamente recebidos.

§ 1º Sem prejuízo do dever de informação e esclarecimento do consumidor e de entrega da minuta do contrato, no empréstimo cuja liquidação seja feita mediante consignação em folha de pagamento, a formalização e a entrega da cópia do contrato ou do instrumento de contratação ocorrerão após o fornecedor do crédito obter da fonte pagadora a indicação sobre a existência de margem consignável.

§ 2º Nos contratos de adesão, o fornecedor deve prestar ao consumidor, previamente, as informações de que tratam o art. 52 e o caput do art. 54-B deste Código, além de outras porventura determinadas na legislação em vigor, e fica obrigado a entregar ao consumidor cópia do contrato, após a sua conclusão.

CAPÍTULO VII
DAS SANÇÕES ADMINISTRATIVAS
(Vide Lei nº 8.656, de 1993)

Art. 55. A União, os Estados e o Distrito Federal, em caráter concorrente e nas suas respectivas áreas de atuação administrativa, baixarão normas relativas à produção, industrialização, distribuição e consumo de produtos e serviços.

§ 1º A União, os Estados, o Distrito Federal e os Municípios fiscalizarão e controlarão a produção, industrialização, distribuição, a publicidade de produtos e serviços e o mercado de consumo, no interesse da preservação da vida, da saúde, da segurança, da informação e do bem-estar do consumidor, baixando as normas que se fizerem necessárias.

§ 2º (Vetado).

§ 3º Os órgãos federais, estaduais, do Distrito Federal e municipais com atribuições para fiscalizar e controlar o mercado de consumo manterão comissões permanentes para elaboração, revisão e atualização das normas referidas no § 1º, sendo obrigatória a participação dos consumidores e fornecedores.

§ 4º Os órgãos oficiais poderão expedir notificações aos fornecedores para que, sob pena de desobediência, prestem informações sobre questões de interesse do consumidor, resguardado o segredo industrial.

Art. 56. As infrações das normas de defesa do consumidor ficam sujeitas, conforme o caso, às seguintes sanções administrativas, sem prejuízo das de natureza civil, penal e das definidas em normas específicas:
I – multa;
II – apreensão do produto;
III – inutilização do produto;
IV – cassação do registro do produto junto ao órgão competente;
V – proibição de fabricação do produto;
VI – suspensão de fornecimento de produtos ou serviço;
VII – suspensão temporária de atividade;
VIII – revogação de concessão ou permissão de uso;
IX – cassação de licença do estabelecimento ou de atividade;
X – interdição, total ou parcial, de estabelecimento, de obra ou de atividade;
XI – intervenção administrativa;
XII – imposição de contrapropaganda.
Parágrafo único. As sanções previstas neste artigo serão aplicadas pela autoridade administrativa, no âmbito de sua atribuição, podendo ser aplicadas cumulativamente, inclusive por medida cautelar, antecedente ou incidente de procedimento administrativo.

Art. 57. A pena de multa, graduada de acordo com a gravidade da infração, a vantagem auferida e a condição econômica do fornecedor, será aplicada mediante procedimento administrativo, revertendo para o Fundo de que trata a Lei nº 7.347, de 24 de julho de 1985, os valores cabíveis à União, ou para os Fundos estaduais ou municipais de proteção ao consumidor nos demais casos. (Redação dada pela Lei nº 8.656, de 21.5.1993)

Parágrafo único. A multa será em montante não inferior a duzentas e não superior a três milhões de vezes o valor da Unidade Fiscal de Referência (Ufir), ou índice equivalente que venha a substituí-lo.(Parágrafo acrescentado pela Lei nº 8.703, de 6.9.1993)

Art. 58. As penas de apreensão, de inutilização de produtos, de proibição de fabricação de produtos, de suspensão do fornecimento de produto ou serviço, de cassação do registro do produto e revogação da concessão ou permissão de uso serão aplicadas pela administração, mediante procedimento administrativo, assegurada ampla defesa, quando forem constatados vícios de quantidade ou de qualidade por inadequação ou insegurança do produto ou serviço.

Art. 59. As penas de cassação de alvará de licença, de interdição e de suspensão temporária da atividade, bem como a de intervenção administrativa, serão aplicadas mediante procedimento administrativo, assegurada ampla defesa, quando o fornecedor reincidir na prática das infrações de maior gravidade previstas neste código e na legislação de consumo.

§ 1º A pena de cassação da concessão será aplicada à concessionária de serviço público, quando violar obrigação legal ou contratual.

§ 2º A pena de intervenção administrativa será aplicada sempre que as circunstâncias de fato desaconselharem a cassação de licença, a interdição ou suspensão da atividade.

§ 3º Pendendo ação judicial na qual se discuta a imposição de penalidade administrativa, não haverá reincidência até o trânsito em julgado da sentença.

Art. 60. A imposição de contrapropaganda será cominada quando o fornecedor incorrer na prática de publicidade enganosa ou abusiva, nos termos do art. 36 e seus parágrafos, sempre às expensas do infrator.

§ 1º A contrapropaganda será divulgada pelo responsável da mesma forma, freqüência e dimensão e, preferencialmente no mesmo veículo, local, espaço e horário, de forma capaz de desfazer o malefício da publicidade enganosa ou abusiva.

§ 2º (Vetado)

§ 3º (Vetado).

TÍTULO II
DAS INFRAÇÕES PENAIS

Art. 61. Constituem crimes contra as relações de consumo previstas neste código, sem prejuízo do disposto no Código Penal e leis especiais, as condutas tipificadas nos artigos seguintes.

Art. 62. (Vetado).

Art. 63. Omitir dizeres ou sinais ostensivos sobre a nocividade ou periculosidade de produtos, nas embalagens, nos invólucros, recipientes ou publicidade:

Pena – Detenção de seis meses a dois anos e multa.

§ 1º Incorrerá nas mesmas penas quem deixar de alertar, mediante recomendações escritas ostensivas, sobre a periculosidade do serviço a ser prestado.

§ 2º Se o crime é culposo:

Pena – Detenção de um a seis meses ou multa.

Art. 64. Deixar de comunicar à autoridade competente e aos consumidores a nocividade ou periculosidade de produtos cujo conhecimento seja posterior à sua colocação no mercado:

Pena – Detenção de seis meses a dois anos e multa.

Parágrafo único. Incorrerá nas mesmas penas quem deixar de retirar do mercado, imediatamente quando determinado pela autoridade competente, os produtos nocivos ou perigosos, na forma deste artigo.

Art. 65. Executar serviço de alto grau de periculosidade, contrariando determinação de autoridade competente:

Pena – Detenção de seis meses a dois anos e multa.

§ 1º As penas deste artigo são aplicáveis sem prejuízo das correspondentes à lesão corporal e à morte. (Redação dada pela Lei nº 13.425, de 2017)

§ 2º A prática do disposto no inciso XIV do art. 39 desta Lei também caracteriza o crime previsto no caput deste artigo. (Incluído pela Lei nº 13.425, de 2017)

Art. 66. Fazer afirmação falsa ou enganosa, ou omitir informação relevante sobre a natureza, característica, qualidade, quantidade, segurança, desempenho, durabilidade, preço ou garantia de produtos ou serviços:

Pena – Detenção de três meses a um ano e multa.

§ 1º Incorrerá nas mesmas penas quem patrocinar a oferta.

§ 2º Se o crime é culposo;

Pena – Detenção de um a seis meses ou multa.

Art. 67. Fazer ou promover publicidade que sabe ou deveria saber ser enganosa ou abusiva:

Pena – Detenção de três meses a um ano e multa.

Parágrafo único. (Vetado).

Art. 68. Fazer ou promover publicidade que sabe ou deveria saber ser capaz de induzir o consumidor a se comportar de forma prejudicial ou perigosa a sua saúde ou segurança:

Pena – Detenção de seis meses a dois anos e multa: **Parágrafo único.** (Vetado).

Art. 69. Deixar de organizar dados fáticos, técnicos e científicos que dão base à publicidade:

Pena – Detenção de um a seis meses ou multa.

Art. 70. Empregar na reparação de produtos, peça ou componentes de reposição usados, sem autorização do consumidor:

Pena – Detenção de três meses a um ano e multa.

Art. 71. Utilizar, na cobrança de dívidas, de ameaça, coação, constrangimento físico ou moral, afirmações falsas incorretas ou enganosas ou de qualquer outro procedimento que exponha o consumidor, injustificadamente, a ridículo ou interfira com seu trabalho, descanso ou lazer:

Pena – Detenção de três meses a um ano e multa.

Art. 72. Impedir ou dificultar o acesso do consumidor às informações que sobre ele constem em cadastros, banco de dados, fichas e registros:

Pena – Detenção de seis meses a um ano ou multa.

Art. 73. Deixar de corrigir imediatamente informação sobre consumidor constante de cadastro, banco de dados, fichas ou registros que sabe ou deveria saber ser inexata:

Pena – Detenção de um a seis meses ou multa.

Art. 74. Deixar de entregar ao consumidor o termo de garantia adequadamente preenchido e com especificação clara de seu conteúdo;

Pena – Detenção de um a seis meses ou multa.

Art. 75. Quem, de qualquer forma, concorrer para os crimes referidos neste código, incide as penas a esses cominadas na medida de sua culpabilidade, bem como o diretor, administrador ou gerente da pessoa jurídica que promover, permitir ou por qualquer modo aprovar o fornecimento, oferta, exposição à venda ou manutenção em depósito de produtos ou a oferta e prestação de serviços nas condições por ele proibidas.

Art. 76. São circunstâncias agravantes dos crimes tipificados neste código:

I – serem cometidos em época de grave crise econômica ou por ocasião de calamidade;

II – ocasionarem grave dano individual ou coletivo; III – dissimular-se a natureza ilícita do procedimento; IV – quando cometidos:

a) por servidor público, ou por pessoa cuja condição econômico-social seja manifestamente superior à da vítima;

b) em detrimento de operário ou rurícola; de menor de dezoito ou maior de sessenta anos ou de pessoas portadoras de deficiência mental interditadas ou não;

V – serem praticados em operações que envolvam alimentos, medicamentos ou quaisquer outros produtos ou serviços essenciais .

Art. 77. A pena pecuniária prevista nesta Seção será fixada em dias-multa, correspondente ao mínimo e ao máximo de dias de duração da pena privativa da liberdade cominada ao crime. Na individualização desta multa, o juiz observará o disposto no art. 60, §1º do Código Penal.

Art. 78. Além das penas privativas de liberdade e de multa, podem ser impostas, cumulativa ou alternadamente, observado odisposto nos arts. 44 a 47, do Código Penal:

I – a interdição temporária de direitos;

II – a publicação em órgãos de comunicação de grande circulação ou audiência, às expensas do condenado, de notícia sobre os fatos e a condenação;

III – a prestação de serviços à comunidade.

Art. 79. O valor da fiança, nas infrações de que trata este código, será fixado pelo juiz, ou pela autoridade que presidir o inquérito, entre cem e duzentas mil vezes o valor do Bônus do Tesouro Nacional (BTN), ou índice equivalente que venha a substituí-lo.

Parágrafo único. Se assim recomendar a situação econômica do indiciado ou réu, a fiança poderá ser:

a) reduzida até a metade do seu valor mínimo;

b) aumentada pelo juiz até vinte vezes.

Art. 80. No processo penal atinente aos crimes previstos neste código, bem como a outros crimes e contravenções que envolvam relações de consumo, poderão intervir, como assistentes do Ministério Público, os legitimados indicados no art. 82, inciso III e IV, aos quais também é facultado propor ação penal subsidiária, se a denúncia não for oferecida no prazo legal.

TÍTULO III
DA DEFESA DO CONSUMIDOR EM JUÍZO

CAPÍTULO I
DISPOSIÇÕES GERAIS

Art. 81. A defesa dos interesses e direitos dos consumidores e das vítimas poderá ser exercida em juízo individualmente, ou a título coletivo.
Parágrafo único. A defesa coletiva será exercida quando se tratar de:
I – interesses ou direitos difusos, assim entendidos, para efeitos deste código, os transindividuais, de natureza indivisível, de que sejam titulares pessoas indeterminadas e ligadas por circunstâncias de fato;
II – interesses ou direitos coletivos, assim entendidos, para efeitos deste código, os transindividuais, de natureza indivisível de que seja titular grupo, categoria ou classe de pessoas ligadas entre si ou com a parte contrária por uma relação jurídica base;
III – interesses ou direitos individuais homogêneos, assim entendidos os decorrentes de origem comum.
Art. 82. Para os fins do art. 81, **parágrafo único**, são legitimados concorrentemente: (Redação dada pela Lei nº 9.008, de 21.3.1995)
I – o Ministério Público,
II – a União, os Estados, os Municípios e o Distrito Federal;
III – as entidades e órgãos da Administração Pública, direta ou indireta, ainda que sem personalidade jurídica, especificamente destinados à defesa dos interesses e direitos
protegidos por este código;
IV – as associações legalmente constituídas há pelo menos um ano e que incluam entre seus fins institucionais a defesa dos interesses e direitos protegidos por este código, dispensada a autorização assemblear.
§ 1º O requisito da pré-constituição pode ser dispensado pelo juiz, nas ações previstas nos arts. 91 e seguintes, quando haja manifesto interesse social evidenciado pela dimensão ou característica do dano, ou pela relevância do bem jurídico a ser protegido.
§ 2º (Vetado).
§ 3º (Vetado).
Art. 83. Para a defesa dos direitos e interesses protegidos por este código são admissíveis todas as espécies de ações capazes de propiciar sua adequada e efetiva tutela.
Parágrafo único. (Vetado).

Art. 84. Na ação que tenha por objeto o cumprimento da obrigação de fazer ou não fazer, o juiz concederá a tutela específica da obrigação ou determinará providências que assegurem o resultado prático equivalente ao do adimplemento.

§ 1º A conversão da obrigação em perdas e danos somente será admissível se por elas optar o autor ou se impossível a tutela específica ou a obtenção do resultado prático correspondente.

§ 2º A indenização por perdas e danos se fará sem prejuízo da multa (art. 287, do Código de Processo Civil).

§ 3º Sendo relevante o fundamento da demanda e havendo justificado receio de ineficácia do provimento final, é lícito ao juiz conceder a tutela liminarmente ou após justificação prévia, citado o réu.

§ 4º O juiz poderá, na hipótese do § 3º ou na sentença, impor multa diária ao réu, independentemente de pedido do autor, se for suficiente ou compatível com a obrigação, fixando prazo razoável para o cumprimento do preceito.

§ 5º Para a tutela específica ou para a obtenção do resultado prático equivalente, poderá o juiz determinar as medidas necessárias, tais como busca e apreensão, remoção de coisas e pessoas, desfazimento de obra, impedimento de atividade nociva, além de requisição de força policial.

Art. 85. (Vetado).

Art. 86. (Vetado).

Art. 87. Nas ações coletivas de que trata este código não haverá adiantamento de custas, emolumentos, honorários periciais e quaisquer outras despesas, nem condenação da associação autora, salvo comprovada má-fé, em honorários de advogados, custas e despesas processuais.

Parágrafo único. Em caso de litigância de má-fé, a associação autora e os diretores responsáveis pela propositura da ação serão solidariamente condenados em honorários advocatícios e ao décuplo das custas, sem prejuízo da responsabilidade por perdas e danos.

Art. 88. Na hipótese do art. 13, **parágrafo único** deste código, a ação de regresso poderá ser ajuizada em processo autônomo, facultada a possibilidade de prosseguir-se nos mesmos autos, vedada a denunciação da lide.

Art. 89. (Vetado)

Art. 90. Aplicam-se às ações previstas neste título as normas do Código de Processo Civil e da Lei nº 7.347, de 24 de julho de 1985, inclusive no que respeita ao inquérito civil, naquilo que não contrariar suas disposições.

CAPÍTULO II
DAS AÇÕES COLETIVAS PARA A DEFESA
DE INTERESSES INDIVIDUAIS HOMOGÊNEOS

Art. 91. Os legitimados de que trata o art. 82 poderão propor, em nome próprio e no interesse das vítimas ou seus sucessores, ação civil coletiva de responsabilidade pelos danos individualmente sofridos, de acordo com o disposto nos artigos seguintes. (Redação dada pela Lei nº 9.008, de 21.3.1995)

Art. 92. O Ministério Público, se não ajuizar a ação, atuará sempre como fiscal da lei.

Parágrafo único. (Vetado).

Art. 93. Ressalvada a competência da Justiça Federal, é competente para a causa a justiça local:

I – no foro do lugar onde ocorreu ou deva ocorrer o dano, quando de âmbito local;

II – no foro da Capital do Estado ou no do Distrito Federal, para os danos de âmbito nacional ou regional, aplicando-se as regras do Código de Processo Civil aos casos de competência concorrente.

Art. 94. Proposta a ação, será publicado edital no órgão oficial, a fim de que os interessados possam intervir no processo como litisconsortes, sem prejuízo de ampla divulgação pelos meios de comunicação social por parte dos órgãos de defesa do consumidor.

Art. 95. Em caso de procedência do pedido, a condenação será genérica, fixando a responsabilidade do réu pelos danos causados.

Art. 96. (Vetado).

Art. 97. A liquidação e a execução de sentença poderão ser promovidas pela vítima e seus sucessores, assim como pelos legitimados de que trata o **art. 82**.

Parágrafo único. (Vetado).

Art. 98. A execução poderá ser coletiva, sendo promovida pelos legitimados de que trata o art. 82, abrangendo as vítimas cujas indenizações já tiveram sido fixadas em sentença de liquidação, sem prejuízo do ajuizamento de outras execuções. (Redação dada pela Lei nº 9.008, de 21.3.1995)

§ 1º A execução coletiva far-se-á com base em certidão das sentenças de liquidação, da qual deverá constar a ocorrência ou não do trânsito em julgado.

§ 2º É competente para a execução o juízo:

I – da liquidação da sentença ou da ação condenatória, no caso de execução individual;

II – da ação condenatória, quando coletiva a execução.

Art. 99. Em caso de concurso de créditos decorrentes de condenação prevista na Lei n.º 7.347, de 24 de julho de 1985 e de indenizações pelos prejuízos individuais resultantes do mesmo evento danoso, estas terão preferência no pagamento.

Parágrafo único. Para efeito do disposto neste artigo, a destinação da importância recolhida ao fundo criado pela Lei nº7.347 de 24 de julho de 1985, ficará sustada enquanto pendentes de decisão de segundo grau as ações de indenização pelos danos individuais, salvo na hipótese de o patrimônio do devedor ser manifestamente suficiente para responder pela integralidade das dívidas.

Art. 100. Decorrido o prazo de um ano sem habilitação de interessados em número compatível com a gravidade do dano, poderão os legitimados do art. 82 promover a liquidação e execução da indenização devida.

Parágrafo único. O produto da indenização devida reverterá para o fundo criado pela Lei n.º 7.347, de 24 de julho de 1985.

CAPÍTULO III
DAS AÇÕES DE RESPONSABILIDADE DO FORNECEDOR DE PRODUTOS E SERVIÇOS

Art. 101. Na ação de responsabilidade civil do fornecedor de produtos e serviços, sem prejuízo do disposto nos Capítulos I e II deste título, serão observadas as seguintes normas:

I – a ação pode ser proposta no domicílio do autor;

II – o réu que houver contratado seguro de responsabilidade poderá chamar ao processo o segurador, vedada a integração do contraditório pelo Instituto de Resseguros do Brasil. Nesta hipótese, a sentença que julgar procedente o pedido condenará o réu nos termos do art. 80 do Código de Processo Civil. Se o réu houver sido declarado falido, o síndico será intimado a informar a existência de seguro de responsabilidade, facultando-se, em caso afirmativo, o ajuizamento de ação de indenização diretamente contra o segurador, vedada a denunciação da lide ao Instituto de Resseguros do Brasil e dispensado o litisconsórcio obrigatório com este.

Art. 102. Os legitimados a agir na forma deste código poderão propor ação visando compelir o Poder Público competente a proibir, em todo o território nacional, a produção, divulgação distribuição ou venda, ou a determinar a alteração na composição, estrutura, fórmula ou acondicionamento de produto, cujo uso ou consumo regular se revele nocivo ou perigoso à saúde pública e à incolumidade pessoal.

§ 1º (Vetado).

§ 2º (Vetado)

CAPÍTULO IV
DA COISA JULGADA

Art. 103. Nas ações coletivas de que trata este código, a sentença fará coisa julgada:

I – erga omnes, exceto se o pedido for julgado improcedente por insuficiência de provas, hipótese em que qualquer legitimado poderá intentar outra ação, com idêntico fundamento valendo-se de nova prova, na hipótese do inciso I do parágrafo único do art. 81;

II – ultra partes, mas limitadamente ao grupo, categoria ou classe, salvo improcedência por insuficiência de provas, nos termos do inciso anterior, quando se tratar da hipótese prevista no inciso II do parágrafo único do art. 81;

III – erga omnes, apenas no caso de procedência do pedido, para beneficiar todas as vítimas e seus sucessores, na hipótese do inciso III do parágrafo único do art. 81.

§ 1º Os efeitos da coisa julgada previstos nos incisos I e II não prejudicarão interesses e direitos individuais dos integrantes da coletividade, do grupo, categoria ou classe.

§ 2º Na hipótese prevista no inciso III, em caso de improcedência do pedido, os interessados que não tiverem intervindo no processo como litisconsortes poderão propor ação de indenização a título individual.

§ 3º Os efeitos da coisa julgada de que cuida o art. 16, combinado com o art. 13 da Lei nº 7.347, de 24 de julho de 1985, não prejudicarão as ações de indenização por danos pessoalmente sofridos, propostas individualmente ou na forma prevista neste código, mas, se procedente o pedido, beneficiarão as vítimas e seus sucessores, que poderão proceder à liquidação e à execução, nos termos dos arts. 96 a 99.

§ 4º Aplica-se o disposto no parágrafo anterior à sentença penal condenatória.

Art. 104. As ações coletivas, previstas nos incisos I e II e do **parágrafo único** do art. 81, não induzem litispendência para as ações individuais, mas os efeitos da coisa julgada erga omnes ou ultra partes a que aludem os incisos II e III do artigo anterior não beneficiarão os autores das ações individuais, se não for requerida sua suspensão no prazo de trinta dias, a contar da ciência nos autos do ajuizamento da ação coletiva.

CAPÍTULO V
DA CONCILIAÇÃO NO SUPERENDIVIDAMENTO

Art. 104-A. A requerimento do consumidor superendividado pessoa natural, o juiz poderá instaurar processo de repactuação de dívidas, com vistas à realização de audiência conciliatória, presidida por ele ou por conciliador credenciado no juízo, com a presença de todos os credores de dívidas previstas no art. 54-A deste Código, na qual o consumidor apresentará proposta de plano de pagamento com prazo máximo de 5 (cinco) anos, preservados o mínimo existencial, nos termos da regulamentação, e as garantias e as formas de pagamento originalmente pactuadas.

§ 1º Excluem-se do processo de repactuação as dívidas, ainda que decorrentes de relações de consumo, oriundas de contratos celebrados dolosamente sem o propósito de realizar pagamento, bem como as dívidas provenientes de contratos de crédito com garantia real, de financiamentos imobiliários e de crédito rural.

§ 2º O não comparecimento injustificado de qualquer credor, ou de seu procurador com poderes especiais e plenos para transigir, à audiência de conciliação de que trata o caput deste artigo acarretará a suspensão da exigibilidade do débito e a interrupção dos encargos da mora, bem como a sujeição compulsória ao plano de pagamento da dívida se o montante devido ao credor ausente for certo e conhecido pelo consumidor, devendo o pagamento a esse credor ser estipulado para ocorrer apenas após o pagamento aos credores presentes à audiência conciliatória.

§ 3º No caso de conciliação, com qualquer credor, a sentença judicial que homologar o acordo descreverá o plano de pagamento da dívida e terá eficácia de título executivo e força de coisa julgada.

§ 4º Constarão do plano de pagamento referido no § 3º deste artigo:

I - medidas de dilação dos prazos de pagamento e de redução dos encargos da dívida ou da remuneração do fornecedor, entre outras destinadas a facilitar o pagamento da dívida;

II - referência à suspensão ou à extinção das ações judiciais em curso;

III - data a partir da qual será providenciada a exclusão do consumidor de bancos de dados e de cadastros de inadimplentes;

IV - condicionamento de seus efeitos à abstenção, pelo consumidor, de condutas que importem no agravamento de sua situação de superendividamento.

§ 5º O pedido do consumidor a que se refere o caput deste artigo não importará em declaração de insolvência civil e poderá ser repetido somente após decorrido o prazo de 2 (dois) anos, contado da liquidação das obrigações previstas no plano de pagamento homologado, sem prejuízo de eventual repactuação.'

Art. 104-B. Se não houver êxito na conciliação em relação a quaisquer credores, o juiz, a pedido do consumidor, instaurará processo por superendividamento para revisão e integração dos contratos e repactuação das dívidas remanescentes mediante plano judicial compulsório e procederá à citação de todos os credores cujos créditos não tenham integrado o acordo porventura celebrado.

§ 1º Serão considerados no processo por superendividamento, se for o caso, os documentos e as informações prestadas em audiência.

§ 2º No prazo de 15 (quinze) dias, os credores citados juntarão documentos e as razões da negativa de aceder ao plano voluntário ou de renegociar.

§ 3º O juiz poderá nomear administrador, desde que isso não onere as partes, o qual, no prazo de até 30 (trinta) dias, após cumpridas as diligências eventualmente necessárias, apresentará plano de pagamento que contemple medidas de temporização ou de atenuação dos encargos.

§ 4º O plano judicial compulsório assegurará aos credores, no mínimo, o valor do principal devido, corrigido monetariamente por índices oficiais de preço, e preverá a liquidação total da dívida, após a quitação do plano de pagamento consensual previsto no art. 104-A deste Código, em, no máximo, 5 (cinco) anos, sendo que a primeira parcela será devida no prazo máximo de 180 (cento e oitenta) dias, contado de sua homologação judicial, e o restante do saldo será devido em parcelas mensais iguais e sucessivas.'

Art. 104-C. Compete concorrente e facultativamente aos órgãos públicos integrantes do Sistema Nacional de Defesa do Consumidor a fase conciliatória e preventiva do processo de repactuação de dívidas, nos moldes do art. 104-A deste Código, no que couber, com possibilidade de o processo ser regulado por convênios específicos celebrados entre os referidos órgãos e as instituições credoras ou suas associações.

§ 1º Em caso de conciliação administrativa para prevenir o superendividamento do consumidor pessoa natural, os órgãos públicos poderão promover, nas reclamações individuais, audiência global de conciliação com todos os credores e, em todos os casos, facilitar a elaboração de plano de pagamento, preservado o mínimo existencial, nos termos da regulamentação, sob a supervisão desses órgãos, sem prejuízo das demais atividades de reeducação financeira cabíveis.

§ 2º O acordo firmado perante os órgãos públicos de defesa do consumidor, em caso de superendividamento do consumidor pessoa natural, incluirá a data a partir da qual será providenciada a exclusão do consumidor de bancos de dados e de cadastros de inadimplentes, bem como o condicionamento de seus efeitos à abstenção, pelo consumidor, de condutas que importem no agravamento de sua situação de superendividamento, especialmente a de contrair novas dívidas."

TÍTULO IV
DO SISTEMA NACIONAL DE DEFESA DO CONSUMIDOR

Art. 105. Integram o Sistema Nacional de Defesa do Consumidor (SNDC), os órgãos federais, estaduais, do Distrito Federal e municipais e as entidades privadas de defesa do consumidor.

Art. 106. O Departamento Nacional de Defesa do Consumidor, da Secretaria

Nacional de Direito Econômico (MJ), ou órgão federal que venha substituí-lo, é organismo de coordenação da política do Sistema Nacional de Defesa do Consumidor, cabendo-lhe:

I – planejar, elaborar, propor, coordenar e executar a política nacional de proteção ao consumidor;

II – receber, analisar, avaliar e encaminhar consultas, denúncias ou sugestões apresentadas por entidades representativas ou pessoas jurídicas de direito público ou privado;

III – prestar aos consumidores orientação permanente sobre seus direitos e garantias;

IV – informar, conscientizar e motivar o consumidor através dos diferentes meios de comunicação;

V – solicitar à polícia judiciária a instauração de inquérito policial para a apreciação de delito contra os consumidores, nos termos da legislação vigente;

VI – representar ao Ministério Público competente para fins de adoção de medidas processuais no âmbito de suas atribuições;

VII – levar ao conhecimento dos órgãos competentes as infrações de ordem administrativa que violarem os interesses difusos, coletivos, ou individuais dos consumidores;

VIII – solicitar o concurso de órgãos e entidades da União, Estados, do Distrito Federal e Municípios, bem como auxiliar a fiscalização de preços, abastecimento, quantidade e segurança de bens e serviços;

IX – incentivar, inclusive com recursos financeiros e outros programas especiais, a formação de entidades de defesa do consumidor pela população e pelos órgãos públicos estaduais e municipais;

X – (Vetado).

XI – (Vetado).

XII – (Vetado)

XIII – desenvolver outras atividades compatíveis com suas finalidades.

Parágrafo único. Para a consecução de seus objetivos, o Departamento Nacional de Defesa do Consumidor poderá solicitar o concurso de órgãos e entidades de notória especialização técnico-científica.

TÍTULO V
DA CONVENÇÃO COLETIVA DE CONSUMO

Art. 107. As entidades civis de consumidores e as associações de fornecedores ou sindicatos de categoria econômica podem regular, por convenção escrita, relações de consumo que tenham por objeto estabelecer condições relativas ao preço, à qualidade, à quantidade, à garantia e características de produtos e serviços, bem como à reclamação e composição do conflito de consumo.

§ 1º A convenção tornar-se-á obrigatória a partir do registro do instrumento no cartório de títulos e documentos.

§ 2º A convenção somente obrigará os filiados às entidades signatárias.

§ 3º Não se exime de cumprir a convenção o fornecedor que se desligar da entidade em data posterior ao registro do instrumento.

Art. 108. (Vetado).

TÍTULO VI
DISPOSIÇÕES FINAIS

Art. 109. (Vetado).

Art. 110. Acrescente-se o seguinte inciso IV ao **art. 1º** da Lei nº 7.347, de 24 de julho de 1985:

"IV – a qualquer outro interesse difuso ou coletivo".

Art. 111. O inciso II do art. 5º da Lei nº 7.347, de 24 de julho de 1985, passa a ter a seguinte redação:

"II – inclua, entre suas finalidades institucionais, a proteção ao meio ambiente, ao consumidor, ao patrimônio artístico, estético, histórico, turístico e paisagístico, ou a qualquer outro interesse difuso ou coletivo".

Art. 112. O **§ 3º** do **art. 5º** da Lei nº 7.347, de 24 de julho de 1985, passa a ter a seguinte redação:

"**§ 3º** Em caso de desistência infundada ou abandono da ação por associação legitimada, o Ministério Público ou outro legitimado assumirá a titularidade ativa".

Art. 113. Acrescente-se os seguintes §§ 4º, 5º e 6º ao **art. 5º**. da Lei n.º 7.347, de 24 de julho de 1985:

"**§ 4º** O requisito da pré-constituição poderá ser dispensado pelo juiz, quando haja manifesto interesse social evidenciado pela dimensão ou característica do dano, ou pela relevância do bem jurídico a ser protegido.

§ 5º Admitir-se-á o litisconsórcio facultativo entre os Ministérios Públicos da União, do Distrito Federal e dos Estados na defesa dos interesses e direitos de que cuida esta lei. (Vide Mensagem de veto) (Vide REsp 222582 / MG – STJ)

§ 6º Os órgãos públicos legitimados poderão tomar dos interessados compromisso de ajustamento de sua conduta às exigências legais, mediante combinações, que terá eficácia de título executivo extrajudicial". (Vide Mensagem de veto) (Vide REsp 222582 /MG – STJ)

Art. 114. O art. 15 da Lei nº 7.347, de 24 de julho de 1985, passa a ter a seguinte redação:

"**Art. 15.** Decorridos sessenta dias do trânsito em julgado da sentença condenatória, sem que a associação autora lhe promova a execução, deverá fazê-lo o Ministério Público, facultada igual iniciativa aos demais legitimados". Art. 115. Suprima-se o caput do art. 17 da Lei nº 7.347,
de 24 de julho de 1985, passando o **parágrafo único** a constituir o caput, com a seguinte redação:
"**Art. 17.** Em caso de litigância de má-fé, a associação autora e os diretores responsáveis pela propositura da ação serão solidariamente condenados em honorários advocatícios e ao décuplo das custas, sem prejuízo da responsabilidade por perdas e danos".
Art. 116. Dê-se a seguinte redação ao art. 18 da Lei nº 7.347, de 24 de julho de 1985:
"**Art. 18.** Nas ações de que trata esta lei, não haverá adiantamento de custas, emolumentos, honorários periciais e quaisquer outras despesas, nem condenação da associação autora, salvo comprovada má-fé, em honorários de advogado, custas e despesas processuais".
Art. 117. Acrescente-se à Lei nº 7.347, de 24 de julho de 1985, o seguinte dispositivo, renumerando-se os seguintes:
"**Art. 21.** Aplicam-se à defesa dos direitos e interesses difusos, coletivos e individuais, no que for cabível, os dispositivos do Título III da lei que instituiu o Código de Defesa do Consumidor".
Art. 118. Este código entrará em vigor dentro de cento e oitenta dias a contar de sua publicação.
Art. 119. Revogam-se as disposições em contrário.

Brasília, 11 de setembro de 1990; 169º da Independência e 102º da República.

FERNANDO COLLOR
Bernardo Cabral
Zélia M. Cardoso de Mello
Ozires Silva

DECRETO Nº 2.181,
DE 20 DE MARÇO DE 1997

Dispõe sobre a organização do Sistema Nacional de Defesa do Consumidor – SNDC, estabelece as normas gerais de aplicação das sanções administrativas previstas na Lei nº 8.078, de 11 de setembro de 1990, revoga o Decreto nº 861, de 9 julho de 1993, e dá outras providências.

O PRESIDENTE DA REPÚBLICA, no uso da atribuição que lhe confere o art. 84, inciso IV, da Constituição, e tendo em vista o disposto na Lei nº 8.078, de 11 de setembro de 1990,

DECRETA:
Art. 1º Fica organizado o Sistema Nacional de Defesa do Consumidor – SNDC e estabelecidas as normas gerais de aplicação das sanções administrativas, nos termos da Lei nº 8.078, de 11 de setembro de 1990.

CAPÍTULO I
DO SISTEMA NACIONAL DE DEFESA DO CONSUMIDOR

Art. 2º Integram o SNDC a Secretaria Nacional do Consumidor do Ministério da Justiça e os demais órgãos federais, estaduais, do Distrito Federal, municipais e as entidades civis de defesa do consumidor. (Redação dada pelo Decreto nº 7.738, de 2012).

CAPÍTULO II
DA COMPETÊNCIA DOS ÓRGÃOS INTEGRANTES DO SNDC

Art. 3º Compete à Secretaria Nacional do Consumidor do Ministério da Justiça, a coordenação da política do Sistema Nacional de Defesa do Consumidor, cabendo-lhe: (Redação dada pelo Decreto nº 7.738, de 2012).
I – planejar, elaborar, propor, coordenar e executar a política nacional de proteção e defesa do consumidor;
II – receber, analisar, avaliar e apurar consultas e denúncias apresentadas por entidades representativas ou pessoas jurídicas de direito público ou privado ou por consumidores individuais;
III – prestar aos consumidores orientação permanente sobre seus direitos e garantias;
IV – informar, conscientizar e motivar o consumidor, por intermédio dos diferentes meios de comunicação;

V – solicitar à polícia judiciária a instauração de inquérito para apuração de delito contra o consumidor, nos termos da legislação vigente;

VI – representar ao Ministério Público competente, para fins de adoção de medidas processuais, penais e civis, no âmbito de suas atribuições;

VII – levar ao conhecimento dos órgãos competentes as infrações de ordem administrativa que violarem os interesses difusos, coletivos ou individuais dos consumidores;

VIII – solicitar o concurso de órgãos e entidades da União, dos Estados, do Distrito Federal e dos Municípios, bem como auxiliar na fiscalização de preços, abastecimento, quantidade e segurança de produtos e serviços;

IX – incentivar, inclusive com recursos financeiros e outros programas especiais, a criação de órgãos públicos estaduais e municipais de defesa do consumidor e a formação, pelos cidadãos, de entidades com esse mesmo objetivo;

X – fiscalizar e aplicar as sanções administrativas previstas na Lei nº 8.078, de 1990, e em outras normas pertinentes à defesa do consumidor;

XI – solicitar o concurso de órgãos e entidades de notória especialização técnico-científica para a consecução de seus objetivos;

XII – celebrar convênios e termos de ajustamento de conduta, na forma do § 6º do art. 5º da Lei nº 7.347, de 24 de julho de 1985; (Redação dada pelo Decreto nº 7.738, de 2012).

XIII – elaborar e divulgar o cadastro nacional de reclamações fundamentadas contra fornecedores de produtos e serviços, a que se refere o art. 44 da Lei nº 8.078, de 1990;

XIV – desenvolver outras atividades compatíveis com suas finalidades.

Art. 4º No âmbito de sua jurisdição e competência, caberá ao órgão estadual, do Distrito Federal e municipal de proteção e defesa do consumidor, criado, na forma da lei, especificamente para este fim, exercitar as atividades contidas nos incisos II a XII do art. 3º deste Decreto e, ainda:

I – planejar, elaborar, propor, coordenar e executar a política estadual, do Distrito Federal e municipal de proteção e defesa do consumidor, nas suas respectivas áreas de atuação;

II – dar atendimento aos consumidores, processando, regularmente, as reclamações fundamentadas;

III – fiscalizar as relações de consumo;

IV – funcionar, no processo administrativo, como instância de instrução e julgamento, no âmbito de sua competência, dentro das regras fixadas pela Lei nº 8.078, de 1990, pela legislação complementar e por este Decreto;

V – elaborar e divulgar anualmente, no âmbito de sua competência, o cadastro de reclamações fundamentadas contra fornecedores de produtos e serviços, de que trata o art. 44 da Lei nº 8.078, de 1990 e remeter cópia à Secretaria Nacional do Consumidor do Ministério da Justiça; (Redação dada pelo Decreto nº 7.738, de 2012).

VI – desenvolver outras atividades compatíveis com suas finalidades.

Art. 5º Qualquer entidade ou órgão da Administração Pública, federal, estadual e municipal, destinado à defesa dos interesses e direitos do consumidor, tem, no âmbito de suas respectivas competências, atribuição para apurar e punir infrações a este Decreto e à legislação das relações de consumo.

Parágrafo único. Se instaurado mais de um processo administrativo por pessoas jurídicas de direito público distintas, para apuração de infração decorrente de um mesmo fato imputado ao mesmo fornecedor, eventual conflito de competência será dirimido pela Secretaria Nacional do Consumidor, que poderá ouvir a Comissão Nacional Permanente de Defesa do Consumidor – CNPDC, levando sempre em consideração a competência federativa para legislar sobre a respectiva atividade econômica. (Redação dada pelo Decreto nº 7.738, de 2012).

Art. 6º As entidades e órgãos da Administração Pública destinados à defesa dos interesses e direitos protegidos pelo Código de Defesa do Consumidor poderão celebrar compromissos de ajustamento de conduta às exigências legais, nos termos do § 6º do art. 5º da Lei nº 7.347, de 1985, na órbita de suas respectivas competências.

§ 1º A celebração de termo de ajustamento de conduta não impede que outro, desde que mais vantajoso para o consumidor, seja lavrado por quaisquer das pessoas jurídicas de direito público integrantes do SNDC.

§ 2º A qualquer tempo, o órgão subscritor poderá, diante de novas informações ou se assim as circunstâncias o exigirem, retificar ou complementar o acordo firmado, determinando outras providências que se fizerem necessárias, sob pena de invalidade imediata do ato, dando-se seguimento ao procedimento administrativo eventualmente arquivado.

§ 3º O compromisso de ajustamento conterá, entre outras, cláusulas que estipulem condições sobre:

I – obrigação do fornecedor de adequar sua conduta às exigências legais, no prazo ajustado

II – pena pecuniária, diária, pelo descumprimento do ajustado, levando-se em conta os seguintes critérios:

a) o valor global da operação investigada;

b) o valor do produto ou serviço em questão;

c) os antecedentes do infrator;

d) a situação econômica do infrator;

III – ressarcimento das despesas de investigação da infração e instrução do procedimento administrativo.

§ 4º A celebração do compromisso de ajustamento suspenderá o curso do processo administrativo, se instaurado, que somente será arquivado após atendidas todas as condições estabelecidas no respectivo termo.

Art. 7º Compete aos demais órgãos públicos federais, estaduais, do Distrito Federal e municipais que passarem a integrar o SNDC fiscalizar as relações de consumo, no âmbito de sua competência, e autuar, na forma da legislação, os responsáveis por práticas que violem os direitos do consumidor.

Art. 8º As entidades civis de proteção e defesa do consumidor, legalmente constituídas, poderão:

I – encaminhar denúncias aos órgãos públicos de proteção e defesa do consumidor, para as providências legais cabíveis;

II – representar o consumidor em juízo, observado o disposto no inciso IV do art. 82 da Lei nº 8.078, de 1990;

III – exercer outras atividades correlatas.

CAPÍTULO III
DA FISCALIZAÇÃO, DAS PRÁTICAS INFRATIVAS E DAS PENALIDADES ADMINISTRATIVAS

SEÇÃO I
DA FISCALIZAÇÃO

Art. 9º A fiscalização das relações de consumo de que tratam a Lei nº 8.078, de 1990, este Decreto e as demais normas de defesa do consumidor será exercida em todo o território nacional pela Secretaria Nacional do Consumidor do Ministério da Justiça, pelos órgãos federais integrantes do Sistema Nacional de Defesa do Consumidor, pelos órgãos conveniados com a Secretaria e pelos órgãos de proteção e defesa do consumidor criados pelos Estados, Distrito Federal e Municípios, em suas respectivas áreas de atuação e competência. (Redação dada pelo Decreto nº 7.738, de 2012).

Art. 10. A fiscalização de que trata este Decreto será efetuada por agentes fiscais, oficialmente designados, vinculados aos respectivos órgãos de proteção e defesa do consumidor, no âmbito federal, estadual, do Distrito Federal e municipal, devidamente credenciados mediante Cédula de Identificação Fiscal, admitida a delegação mediante convênio.

Art. 11. Sem exclusão da responsabilidade dos órgãos que compõem o SNDC, os agentes de que trata o artigo anterior responderão pelos atos que praticarem quando investidos da ação fiscalizadora.

SEÇÃO II
DAS PRÁTICAS INFRATIVAS

Art. 12. São consideradas práticas infrativa:

I – condicionar o fornecimento de produto ou serviço ao fornecimento de outro produto ou serviço, bem como, sem justa causa, a limites quantitativos;

II – recusar atendimento às demandas dos consumidores na exata medida de sua disponibilidade de estoque e, ainda, de conformidade com os usos e costumes;

III – recusar, sem motivo justificado, atendimento à demanda dos consumidores de serviços;

IV – enviar ou entregar ao consumidor qualquer produto ou fornecer qualquer serviço, sem solicitação prévia;

V – prevalecer-se da fraqueza ou ignorância do consumidor, tendo em vista sua idade, saúde, conhecimento ou condição social, para impingir-lhe seus produtos ou serviços;

VI – exigir do consumidor vantagem manifestamente excessiva;

VII – executar serviços sem a prévia elaboração de orçamento e auto consumidor. ressalvadas as decorrentes de práticas anteriores entre as partes;

VIII – repassar informação depreciativa referente a ato praticado pelo consumidor no exercício de seus direitos;

IX – colocar, no mercado de consumo, qualquer produto ou serviço:

a) em desacordo com as normas expedidas pelos órgãos oficiais competentes, ou, se normas específicas não existirem, pela Associação Brasileira de Normas Técnicas – ABNT ou outra entidade credenciada pelo Conselho Nacional de Metrologia, Normalização e Qualidade Industrial – CONMETRO;

b) que acarrete riscos à saúde ou à segurança dos consumidores e sem informações ostensivas e adequadas;

c) em desacordo com as indicações constantes do recipiente, da embalagem, da rotulagem ou mensagem publicitária, respeitadas as variações decorrentes de sua natureza;

d) impróprio ou inadequado ao consumo a que se destina ou que lhe diminua o valor;

X – deixar de reexecutar os serviços, quando cabível, sem custo adicional;

XI – deixar de estipular prazo para o cumprimento de sua obrigação ou deixar a fixação ou variação de seu termo inicial a seu exclusivo critério.

Art. 13. Serão consideradas, ainda, práticas infrativas, na forma dos dispositivos da Lei nº 8.078, de 1990:

I – ofertar produtos ou serviços sem as informações corretas, claras, precisa e ostensivas, em língua portuguesa, sobre suas características, qualidade, quantidade, composição, preço, condições de pagamento, juros, encargos, garantia, prazos de validade e origem, entre outros dados relevantes;

II - deixar de comunicar à autoridade competente a periculosidade do produto ou serviço, quando do lançamento dos mesmos no mercado de consumo, ou quando da verificação posterior da existência do risco;

III - deixar de comunicar aos consumidores, por meio de anúncios publicitários, a periculosidade do produto ou serviço, quando do lançamento dos mesmos no mercado de consumo, ou quando da verificação posterior da existência do risco;

IV - deixar de reparar os danos causados aos consumidores por defeitos decorrentes de projetos, fabricação, construção, montagem, manipulação, apresentação ou acondicionamento de seus produtos ou serviços, ou por informações insuficientes ou inadequadas sobre a sua utilização e risco;

V - deixar de empregar componentes de reposição originais, adequados e novos, ou que mantenham as especificações técnicas do fabricante, salvo se existir autorização em contrário do consumidor;

VI - deixar de cumprir a oferta, publicitária ou não, suficientemente precisa, ressalvada a incorreção retificada em tempo hábil ou exclusivamente atribuível ao veículo de comunicação, sem prejuízo, inclusive nessas duas hipóteses, do cumprimento forçado do anunciado ou do ressarcimento de perdas e danos sofridos pelo consumidor, assegurado o direito de regresso do anunciante contra seu segurador ou responsável direto;

VII - omitir, nas ofertas ou vendas eletrônicas, por telefone ou reembolso postal, o nome e endereço do fabricante ou do importador na embalagem, na publicidade e nos impressos utilizados na transação comercial;

VIII - deixar de cumprir, no caso de fornecimento de produtos e serviços, o regime de preços tabelados, congelados, administrados, fixados ou controlados pelo Poder Público;

IX - submeter o consumidor inadimplente a ridículo ou a qualquer tipo de constrangimento ou ameaça;

X - impedir ou dificultar o acesso gratuito do consumidor às informações existentes em cadastros, fichas, registros de dados pessoais e de consumo, arquivados sobre ele, bem como sobre as respectivas fontes;

XI - elaborar cadastros de consumo com dados irreais ou imprecisos;

XII - manter cadastros e dados de consumidores com informações negativas, divergentes da proteção legal;

XIII - deixar de comunicar, por escrito, ao consumidor a abertura de cadastro, ficha, registro de dados pessoais e de consumo, quando não solicitada por ele;

XIV - deixar de corrigir, imediata e gratuitamente, a inexatidão de dados e cadastros, quando solicitado pelo consumidor;

XV – deixar de comunicar ao consumidor, no prazo de cinco dias úteis, as correções cadastrais por ele solicitadas;

VI – impedir, dificultar ou negar, sem justa causa, o cumprimento das declarações constantes de escritos particulares, recibos e pré-contratos concernentes às relações de consumo;

XVII – omitir em impressos, catálogos ou comunicações, impedir, dificultar ou negar a desistência contratual, no prazo de até sete dias a contar da assinatura do contrato ou do ato de recebimento do produto ou serviço, sempre que a contratação ocorrer fora do estabelecimento comercial, especialmente por telefone ou a domicílio;

XVIII – impedir, dificultar ou negar a devolução dos valores pagos, monetariamente atualizados, durante o prazo de reflexão, em caso de desistência do contrato pelo consumidor;

XIX – deixar de entregar o termo de garantia, devidamente preenchido com as informações previstas no **parágrafo único**
do art. 50 da Lei nº 8.078, de 1990;

XX – deixar, em contratos que envolvam vendas a prazo ou com cartão de crédito, de informar por escrito ao consumidor, prévia e adequadamente, inclusive nas comunicações publicitárias, o preço do produto ou do serviço em moeda corrente nacional, o montante dos juros de mora e da taxa efetiva anual de juros, os acréscimos legal e contratualmente previstos, o número e a periodicidade das prestações e, com igual destaque, a soma total a pagar, com ou sem financiamento;

XXI – deixar de assegurar a oferta de componentes e peças de reposição, enquanto não cessar a fabricação ou importação do produto, e, caso cessadas, de manter a oferta de componentes e peças de reposição por período razoável de tempo, nunca inferior à vida útil do produto ou serviço;

XXII – propor ou aplicar índices ou formas de reajuste alternativos, bem como fazê-lo em desacordo com aquele que seja legal ou contratualmente permitido;

XXIII – recusar a venda de produto ou a prestação de serviços, publicamente ofertados, diretamente a quem se dispõe a adquiri-los mediante pronto pagamento, ressalvados os casos regulados em leis especiais;

XXIV – deixar de trocar o produto impróprio, inadequado, ou de valor diminuído, por outro da mesma espécie, em perfeitas condições de uso, ou de restituir imediatamente a quantia paga, devidamente corrigida, ou fazer abatimento proporcional do preço, a critério do consumidor.

Art. 14. É enganosa qualquer modalidade de informação ou comunicação de caráter publicitário inteira ou parcialmente falsa, ou, por qualquer outro modo, esmo por omissão, capaz de induzir a erro o consumidor a respeito da natureza, características, qualidade, quantidade, propriedade, origem, preço e de quaisquer outros dados sobre produtos ou serviços.

§ 1º É enganosa, por omissão, a publicidade que deixar de informar sobre dado essencial do produto ou serviço a ser colocado à disposição dos consumidores.

§ 2º É abusiva, entre outras, a publicidade discriminatória de qualquer natureza, que incite à violência, explore o medo ou a superstição, se aproveite da deficiência de julgamento e da inexperiência da criança, desrespeite valores ambientais, seja capaz de induzir o consumidor a se comportar de forma prejudicial ou perigosa à sua saúde ou segurança, ou que viole normas legais ou regulamentares de controle da publicidade.

§ 3º O ônus da prova da veracidade (não-enganosidade) e da correção (não-abusividade) da informação ou comunicação publicitária cabe a quem as patrocina.

Art. 15. Estando a mesma empresa sendo acionada em mais de um Estado federado pelo mesmo fato gerador de prática infrativa, a autoridade máxima do sistema estadual poderá remeter o processo ao órgão coordenador do SNDC, que apurará o fato e aplicará as sanções respectivas.

Art. 16. Nos casos de processos administrativos em trâmite em mais de um Estado, que envolvam interesses difusos ou coletivos, a Secretaria Nacional do Consumidor poderá avocá-los, ouvida a Comissão Nacional Permanente de Defesa do Consumidor, e as autoridades máximas dos sistemas estaduais. (Redação dada pelo Decreto nº 7.738, de 2012).

Art. 17. As práticas infrativas classificam-se em:

I – leves: aquelas em que forem verificadas somente circunstâncias atenuantes;

II – graves: aquelas em que forem verificadas circunstâncias agravantes.

SEÇÃO III
DAS PENALIDADES ADMINISTRATIVAS

Art. 18. A inobservância das normas contidas na Lei nº 8.078, de 1990, e das demais normas de defesa do consumidor constituirá prática infrativa e sujeitará o fornecedor às seguintes penalidades, que poderão ser aplicadas isolada ou cumulativamente, inclusive de forma cautelar, antecedente ou incidente no processo administrativo, sem prejuízo das de natureza cível, penal e das definidas em normas específicas:

I – multa;

II – apreensão do produto; III – inutilização do produto;

IV – cassação do registro do produto junto ao órgão competente;

V – proibição de fabricação do produto;

VI – suspensão de fornecimento de produtos ou serviços;

VII – suspensão temporária de atividade;

VIII – revogação de concessão ou permissão de uso;

IX – cassação de licença do estabelecimento ou de atividade;

X – interdição, total ou parcial, de estabelecimento, de obra ou de atividade;
XI – intervenção administrativa;
XII – imposição de contrapropaganda.

§ 1º Responderá pela prática infrativa, sujeitando-se às sanções administrativas previstas neste Decreto, quem por ação ou omissão lhe der causa, concorrer para sua prática ou dela se beneficiar.

§ 2º As penalidades previstas neste artigo serão aplicadas pelos órgãos oficiais integrantes do SNDC, sem prejuízo das atribuições do órgão normativo ou regulador da atividade, na forma da legislação vigente.

§ 3º As penalidades previstas nos incisos III a XI deste artigo sujeitam-se a posterior confirmação pelo órgão normativo ou regulador da atividade, nos limites de sua competência.

Art. 19. Toda pessoa física ou jurídica que fizer ou promover publicidade enganosa ou abusiva ficará sujeita à pena de multa, cumulada com aquelas previstas no artigo anterior, sem prejuízo da competência de outros órgãos administrativos.

Parágrafo único. Incide também nas penas deste artigo o fornecedor que:

a) deixar de organizar ou negar aos legítimos interessados os dados fáticos, técnicos e científicos que dão sustentação à mensagem publicitária;

b) veicular publicidade de forma que o consumidor não possa, fácil e imediatamente, identificá-la como tal.

Art. 20. Sujeitam-se à pena de multa os órgãos públicos que, por si ou suas empresas concessionárias, permissionárias ou sob qualquer outra forma de empreendimento, deixarem de fornecer serviços adequados, eficientes, seguros e, quanto aos essenciais, contínuos.

Art. 21. A aplicação da sanção prevista no inciso II do art. 18 terá lugar quando os produtos forem comercializados em desacordo com as especificações técnicas estabelecidas em legislação própria, na Lei nº 8.078, de 1990, e neste Decreto.

§ 1º Os bens apreendidos, a critério da autoridade, poderão ficar sob a guarda do proprietário, responsável, preposto ou empregado que responda pelo gerenciamento do negócio, nomeado fiel depositário, mediante termo próprio, proibida a venda, utilização, substituição, subtração ou remoção, total ou parcial, dos referidos bens.

§ 2º A retirada de produto por parte da autoridade fiscalizadora não poderá incidir sobre quantidade superior àquela necessária à realização da análise pericial.

Art. 22. Será aplicada multa ao fornecedor de produtos ou serviços que, direta ou indiretamente, inserir, fizer circular ou utilizar-se de cláusula abusiva, qualquer que seja a modalidade do contrato de consumo, inclusive nas operações securitárias, bancárias, de crédito direto ao consumidor, depósito, poupança, mútuo ou financiamento, e especialmente quando:

I – impossibilitar, exonerar ou atenuar a responsabilidade do fornecedor por vícios de qualquer natureza dos produtos e serviços ou implicar renúncia ou disposição de direito do consumidor;

II – deixar de reembolsar ao consumidor a quantia já paga, nos casos previstos na Lei nº 8.078, de 1990;

III – transferir responsabilidades a terceiros;

IV – estabelecer obrigações consideradas iníquas ou abusivas, que coloquem o consumidor em desvantagem exagerada, incompatíveis com a boa-fé ou a eqüidade;

V – estabelecer inversão do ônus da prova em prejuízo do consumidor;

VI – determinar a utilização compulsória de arbitragem;

VII – impuser representante para concluir ou realizar outro negócio jurídico pelo consumidor;

VIII – deixar ao fornecedor a opção de concluir ou não o contrato, embora obrigando o consumidor;

IX – permitir ao fornecedor, direta ou indiretamente, variação unilateral do preço, juros, encargos, forma de pagamento ou atualização monetária;

X – autorizar o fornecedor a cancelar o contrato unilateralmente, sem que igual direito seja conferido ao consumidor, ou permitir, nos contratos de longa duração ou de trato sucessivo, o cancelamento sem justa causa e motivação, mesmo que dada ao consumidor a mesma opção;

XI – obrigar o consumidor a ressarcir os custos de cobrança de sua obrigação, sem que igual direito lhe seja conferido contra o fornecedor;

XII – autorizar o fornecedor a modificar unilateralmente o conteúdo ou a qualidade do contrato após sua celebração;

XIII – infringir normas ambientais ou possibilitar sua violação;

XIV – possibilitar a renúncia ao direito de indenização por benfeitorias necessárias;

XV – restringir direitos ou obrigações fundamentais à natureza do contrato, de tal modo a ameaçar o seu objeto ou o equilíbrio contratual;

XVI – onerar excessivamente o consumidor, considerandose a natureza e o conteúdo do contrato, o interesse das partes e outras circunstâncias peculiares à espécie;

XVII – determinar, nos contratos de compra e venda mediante pagamento em prestações, ou nas alienações fiduciárias em garantia, a perda total das prestações pagas, em benefício do credor que, em razão do inadimplemento, pleitear a resilição do contrato e a retomada do produto alienado, ressalvada a cobrança judicial de perdas e danos comprovadamente sofridos;

XVIII – anunciar, oferecer ou estipular pagamento em moeda estrangeira, salvo nos casos previstos em lei;

XIX – cobrar multas de mora superiores a dois por cento, decorrentes do inadimplemento de obrigação no seu termo, conforme o disposto no § 1º do art. 52 da Lei nº 8.078, de 1990, com a redação dada pela Lei nº 9.298, de 1º de agosto de 1996;

XX – impedir, dificultar ou negar ao consumidor a liquidação antecipada do débito, total ou parcialmente, mediante redução proporcional dos juros, encargos e demais acréscimos, inclusive seguro;
XXI – fizer constar do contrato alguma das cláusulas abusivas a que se refere o art. 56 deste Decreto;
XXII – elaborar contrato, inclusive o de adesão, sem utilizar termos claros, caracteres ostensivos e legíveis, que permitam sua imediata e fácil compreensão, destacando-se as cláusulas que impliquem obrigação ou limitação dos direitos contratuais do consumidor, inclusive com a utilização de tipos de letra e cores diferenciados, entre outros recursos gráficos e visuais;
XXIII – que impeça a troca de produto impróprio, inadequado, ou de valor diminuído, por outro da mesma espécie, em perfeitas condições de uso, ou a restituição imediata da quantia paga, devidamente corrigido, ou fazer abatimento proporcional do preço, a critério do consumidor.
Parágrafo único. Dependendo da gravidade da infração prevista nos incisos dos arts. 12, 13 e deste artigo, a pena de multa poderá ser cumulada com as demais previstas no art. 18, sem prejuízo da competência de outros órgãos administrativos.
Art. 23. Os serviços prestados e os produtos remetidos ou entregues ao consumidor, na hipótese prevista no inciso IV do art. 12 deste Decreto, equiparam-se às amostras grátis, inexistindo obrigação de pagamento.
Art. 24. Para a imposição da pena e sua gradação, serão considerados:
I – as circunstâncias atenuantes e agravantes;
II – os antecedentes do infrator, nos termos do art. 28 deste Decreto.
Art. 25. Consideram-se circunstâncias atenuantes:
I – a ação do infrator não ter sido fundamental para a consecução do fato;
II – ser o infrator primário;
III – ter o infrator adotado as providências pertinentes para minimizar ou de imediato reparar os efeitos do ato lesivo.
Art. 26. Consideram-se circunstâncias agravantes:
I – ser o infrator reincidente;
II – ter o infrator, comprovadamente, cometido a prática infrativa para obter vantagens indevidas;
III – trazer a prática infrativa conseqüências danosas à saúde ou à segurança do consumidor;
IV – deixar o infrator, tendo conhecimento do ato lesivo, de tomar as providências para evitar ou mitigar suas conseqüências;
V – ter o infrator agido com dolo;
VI – ocasionar a prática infrativa dano coletivo ou ter caráter repetitivo;

VII – ter a prática infrativa ocorrido em detrimento de menor de dezoito ou maior de sessenta anos ou de pessoas portadoras de deficiência física, mental ou sensorial, interditadas ou não;

VIII – dissimular-se a natureza ilícita do ato ou atividade; IX – ser a conduta infrativa praticada aproveitando-se o infrator de grave crise econômica ou da condição cultural, social ou econômica da vítima, ou, ainda, por ocasião de calamidade.

Art. 27. Considera-se reincidência a repetição de prática infrativa, de qualquer natureza, às normas de defesa do consumidor, punida por decisão administrativa irrecorrível.

Parágrafo único. Para efeito de reincidência, não prevalece a sanção anterior, se entre a data da decisão administrativa definitiva e aquela da prática posterior houver decorrido período de tempo superior a cinco anos.

Art. 28. Observado o disposto no art. 24 deste Decreto pela autoridade competente, a pena de multa será fixada considerando-se a gravidade da prática infrativa, a extensão do dano causado aos consumidores, a vantagem auferida com o ato infrativo e a condição econômica do infrator, respeitados os parâmetros estabelecidos no parágrafo único do art. 57 da Lei nº 8.078, de 1990.

CAPÍTULO IV
DA DESTINAÇÃO DA MULTA E DA ADMINISTRAÇÃO DOS RECURSOS

Art. 29. A multa de que trata o inciso I do art. 56 e caput do art. 57 da Lei nº 8.078, de 1990, reverterá para o Fundo pertinente à pessoa jurídica de direito público que impuser a sanção, gerido pelo respectivo Conselho Gestor.

Parágrafo único. As multas arrecadadas pela União e órgãos federais reverterão para o Fundo de Direitos Difusos de que tratam a Lei nº 7.347, de 1985, e Lei nº 9.008, de 21 de março de 1995, gerido pelo Conselho Federal Gestor do Fundo de Defesa dos Direitos Difusos – CFDD.

Art. 30. As multas arrecadadas serão destinadas ao financiamento de projetos relacionados com os objetivos da Política Nacional de Relações de Consumo, com a defesa dos direitos básicos do consumidor e com a modernização administrativa dos órgãos públicos de defesa do consumidor, após aprovação pelo respectivo Conselho Gestor, em cada unidade federativa.

Art. 31. Na ausência de Fundos municipais, os recursos serão depositados no Fundo do respectivo Estado e, faltando este, no Fundo federal.

Parágrafo único. O Conselho Federal Gestor do Fundo de Defesa dos Direitos, Difusos poderá apreciar e autorizar recursos para projetos especiais de órgãos e entidades federais, estaduais e municipais de defesa do consumidor.

Art. 32. Na hipótese de multa aplicada pelo órgão coordenador do SNDC nos casos previstos pelo art. 15 deste Decreto, o Conselho Federal Gestor do FDD restituirá aos fundos dos Estados envolvidos o percentual de até oitenta por cento do valor arrecadado.

CAPÍTULO V
DO PROCESSO ADMINISTRATIVO

SEÇÃO I
DAS DISPOSIÇÕES GERAIS

Art. 33. As práticas infrativas às normas de proteção e defesa do consumidor serão apuradas em processo administrativo, que terá início mediante:
I – ato, por escrito, da autoridade competente;
I – lavratura de auto de infração;
III – reclamação.
§ 1º Antecedendo à instauração do processo administrativo, poderá a autoridade competente abrir investigação preliminar, cabendo, para tanto, requisitar dos fornecedores informações sobre as questões investigados, resguardado o segredo industrial, na forma do disposto no § 4º do art. 55 da Lei nº 8.078, de 1990.
§ 2º A recusa à prestação das informações ou o desrespeito às determinações e convocações dos órgãos do SNDC caracterizam desobediência, na forma do art. 330 do Código Penal, ficando a autoridade administrativa com poderes para determinar a imediata cessação da prática, além da imposição das sanções administrativas e civis cabíveis.

SEÇÃO II
DA RECLAMAÇÃO

Art. 34. O consumidor poderá apresentar sua reclamação pessoalmente, ou por telegrama carta, telex, fac-símile ou qualquer outro meio de comunicação, a quaisquer dos órgãos oficiais de proteção e defesa do consumidor.

SEÇÃO III
DOS AUTOS DE INFRAÇÃO, DE APREENSÃO
E DO TERMO DE DEPÓSITO

Art. 35. Os Autos de infração, de Apreensão e o Termo de Depósito deverão ser impressos, numerados em série e preenchidos de forma clara e precisa, sem entrelinhas, rasuras ou emendas, mencionando:

I – o Auto de Infração:
a) o local, a data e a hora da lavratura;
b) o nome, o endereço e a qualificação do autuado;
c) a descrição do fato ou do ato constitutivo da infração;
d) o dispositivo legal infringido;
e) a determinação da exigência e a intimação para cumpri-la ou impugná-la no prazo de dez dias;
f) a identificação do agente autuante, sua assinatura, a indicação do seu cargo ou função e o número de sua matrícula;
g) a designação do órgão julgador e o respectivo endereço;
h) a assinatura do autuado;
II – o Auto de Apreensão e o Termo de Depósito:
a) o local, a data e a hora da lavratura;
b) o nome, o endereço e a qualificação do depositário;
c) a descrição e a quantidade dos produtos apreendidos;
d) as razões e os fundamentos da apreensão;
e) o local onde o produto ficará armazenado;
f) a quantidade de amostra colhida para análise;
g) a identificação do agente autuante, sua assinatura, a indicação do seu cargo ou função e o número de sua matrícula;
h) a assinatura do depositário;
i) as proibições contidas no § 1º do art. 21 deste Decreto.

Art. 36. Os Autos de Infração, de Apreensão e o Termo de Depósito serão lavrados pelo agente autuante que houver verificado a prática infrativa, preferencialmente no local onde foi comprovada a irregularidade.

Art. 37. Os Autos de Infração, de Apreensão e o Termo de Depósito serão lavrados em impresso próprio, composto de três vias, numeradas tipograficamente.

§ 1º Quando necessário, para comprovação de infração, os Autos serão acompanhados de laudo pericial.

§ 2º Quando a verificação do defeito ou vício relativo à qualidade, oferta e apresentação de produtos não depender de perícia, o agente competente consignará o fato no respectivo Auto.

Art. 38. A assinatura nos Autos de Infração, de Apreensão e no Termo de Depósito, por parte do autuado, ao receber cópias dos mesmos, constitui notificação, sem implicar confissão, para os fins do art. 44 do presente Decreto.

Parágrafo único. Em caso de recusa do autuado em assinar os Autos de Infração, de Apreensão e o Termo de Depósito, o Agente competente consignará o fato nos Autos e no Termo, remetendo-os ao autuado por via postal, com Aviso de Recebimento (AR) ou outro procedimento equivalente, tendo os mesmos efeitos do caput deste artigo.

DA INSTAURAÇÃO DO PROCESSO ADMINISTRATIVO POR ATO DE AUTORIDADE COMPETENTE

Art. 39. O processo administrativo de que trata o art. 33 deste Decreto poderá ser instaurado mediante reclamação do interessado ou por iniciativa da própria autoridade competente.

Parágrafo único. Na hipótese de a investigação preliminar não resultar em processo administrativo com base em reclamação apresentada por consumidor, deverá este ser informado sobre as razões do arquivamento pela autoridade competente.

Art. 40. O processo administrativo, na forma deste Decreto, deverá, obrigatoriamente, conter:

I – a identificação do infrator;
II – a descrição do fato ou ato constitutivo da infração;
III – os dispositivos legais infringidos;
IV – a assinatura da autoridade competente.

Art. 41. A autoridade administrativa poderá determinar, na forma de ato próprio, constatação preliminar da ocorrência de prática presumida.

DA NOTIFICAÇÃO

Art. 42. A autoridade competente expedirá notificação ao infrator, fixando o prazo de dez dias, a contar da data de seu recebimento, para apresentar defesa, na forma do art. 44 deste Decreto.

§ 1º A notificação, acompanhada de cópia da inicial do processo administrativo a que se refere o art. 40, far-se-á:

I – pessoalmente ao infrator, seu mandatário ou preposto;
II – por carta registrada ao infrator, seu mandatário ou preposto, com Aviso de Recebimento (AR).

§ 2º Quando o infrator, seu mandatário ou preposto não puder ser notificado, pessoalmente ou por via postal, será feita a notificação por edital, a ser afixado nas dependências do órgão respectivo, em lugar público, pelo prazo de dez dias, ou divulgado, pelo menos uma vez, na imprensa oficial ou em jornal de circulação local.

SEÇÃO VI
DA IMPUGNAÇÃO E DO JULGAMENTO DO PROCESSO ADMINISTRATIVO

Art. 43. O processo administrativo decorrente de Auto de Infração, de ato de ofício de autoridade competente, ou de órgão que o tiver instaurado.

Art. 44. O infrator poderá impugnar o processo administrativo, no prazo de dez dias, contados processualmente de sua notificação, indicando em sua defesa:

I – a autoridade julgadora a quem é dirigida;
II – a qualificação do impugnante;
Ill – as razões de fato e de direito que fundamentam a impugnação;
IV – as provas que lhe dão suporte.

Art. 45. Decorrido o prazo da impugnação, o órgão julgador determinará as diligências cabíveis, podendo dispensar as meramente protelatórias ou irrelevantes, sendo-lhe facultado requisitar do infrator, de quaisquer pessoas físicas ou jurídicas, órgãos ou entidades públicas as necessárias informações, esclarecimentos ou documentos, a serem apresentados no prazo estabelecido.

Art. 46. A decisão administrativa conterá relatório dos fatos, o respectivo enquadramento legal e, se condenatória, a natureza e gradação da pena.

§ 1º A autoridade administrativa competente, antes de julgar o feito, apreciará a defesa e as provas produzidas pelas partes, não estando vinculada ao relatório de sua consultoria jurídica ou órgão similar, se houver.

§ 2º Julgado o processo e fxada a multa, será o infrator notificado para efetuar seu recolhimento no prazo de dez dias ou apresentar recurso.

§ 3º Em caso de provimento do recurso, os valores recolhidos serão devolvidos ao recorrente na forma estabelecida pelo Conselho Gestor do Fundo.

Art. 47. Quando a cominação prevista for a contrapropaganda, o processo poderá ser instruído com indicações técnico-publicitárias, das quais se intimará o autuado, obedecidas, na execução da respectiva decisão, as condições constantes do § 1º do art. 60 da Lei nº 8.078, de 1990.

SEÇÃO VII
DAS NULIDADES

Art. 48. A inobservância de forma não acarretará a nulidade do ato, se não houver prejuízo para a defesa.

Parágrafo único. A nulidade prejudica somente os atos posteriores ao ato declarado nulo e dele diretamente dependentes ou de que sejam conseqüência, cabendo à autoridade que a declarar indicar tais atos e determinar o adequado procedimento saneador, se for o caso.

SEÇÃO VIII
DOS RECURSOS ADMINISTRATIVOS

Art. 49. Das decisões da autoridade competente do órgão público que aplicou a sanção caberá recurso, sem efeito suspensivo, no prazo de dez dias, contados da data da intimação da decisão, a seu superior hierárquico, que proferirá decisão definitiva.

Parágrafo único. No caso de aplicação de multas, o recurso será recebido, com efeito suspensivo, pela autoridade superior.

Art. 50. Quando o processo tramitar no âmbito do Departamento de Proteção e Defesa do Consumidor, o julgamento do feito será de responsabilidade do Diretor daquele órgão, cabendo recurso ao titular da Secretaria Nacional do Consumidor, no prazo de dez dias, contado da data da intimação da decisão, como segunda e última instância recursal. (Redação dada pelo Decreto nº 7.738, de 2012).

Art. 51. Não será conhecido o recurso interposto fora dos prazos e condições estabelecidos neste Decreto.

Art. 52. Sendo julgada insubsistente a infração, a autoridade julgadora recorrerá à autoridade imediatamente superior, nos termos fixados nesta Seção, mediante declaração na própria decisão.

Art. 53. A decisão é definitiva quando não mais couber recurso, seja de ordem formal ou material.

Art. 54. Todos os prazos referidos nesta Seção são preclusivos.

SEÇÃO IX
DA INSCRIÇÃO NA DÍVIDA ATIVA

Art. 55. Não sendo recolhido o valor da multa em trinta dias, será o débito inscrito em dívida ativa do órgão que houver aplicado a sanção, para subseqüente cobrança executiva.

CAPÍTULO VI
DO ELENCO DE CLÁUSULAS ABUSIVAS
E DO CADASTRO DE FORNECEDORES

SEÇÃO I
DO ELENCO DE CLÁUSULAS ABUSIVAS

Art. 56. Na forma do art. 51 da Lei nº 8.078, de 1990, e com o objetivo de orientar o Sistema Nacional de Defesa do Consumidor, a Secretaria Nacional do Consumidor divulgará, anualmente, elenco complementar de cláusulas contratuais consideradas abusivas, notadamente para o fim de aplicação do disposto no inciso IV do caput do **art. 22.** (Redação dada pelo Decreto nº 7.738, de 2012).

§ 1º Na elaboração do elenco referido no caput e posteriores inclusões, a consideração sobre a abusividade de cláusulas contratuais se dará de forma genérica e abstrata.

§ 2º O elenco de cláusulas consideradas abusivas tem natureza meramente exemplificativa, não impedindo que outras, também, possam vir a ser assim consideradas pelos órgãos da Administração Pública incumbidos da defesa dos interesses e direitos protegidos pelo Código de Defesa do Consumidor e legislação correlata.

§ 3º A apreciação sobre a abusividade de cláusulas contratuais, para fins de sua inclusão no elenco a que se refere o caput deste artigo, se dará de ofício ou por provocação dos legitimados referidos no art. 82 da Lei nº 8.078, de 1990.

SEÇÃO II
DO CADASTRO DE FORNECEDORES

Art. 57. Os cadastros de reclamações fundamentadas contra fornecedores constituem instrumento essencial de defesa e orientação dos consumidores, devendo os órgãos públicos competentes assegurar sua publicidade, contabilidade e continuidade, nos termos do art. 44 da Lei nº 8.078, de 1990.

Art. 58. Para os fins deste Decreto, considera-se:

I – cadastro: o resultado dos registros feitos pelos órgãos públicos de defesa do consumidor de todas as reclamações fundamentadas contra fornecedores;

II – reclamação fundamentada: a notícia de lesão ou ameaça a direito de consumidor analisada por órgão público de defesa do consumidor, a requerimento ou de ofício, considerada procedente, por decisão definitiva.

Art. 59. Os órgãos públicos de defesa do consumidor devem providenciar a divulgação periódica dos cadastros atualizados de reclamações fundamentadas contra fornecedores.

§ 1º O cadastro referido no caput deste artigo será publicado, obrigatoriamente, no órgão de imprensa oficial local, devendo a entidade responsável dar-lhe a maior publicidade possível por meio dos órgãos de comunicação, inclusive eletrônica.

§ 2º O cadastro será divulgado anualmente, podendo o órgão responsável fazê-lo em período menor, sempre que julgue necessário, e conterá informações objetivas, claras e verdadeiras sobre o objeto da reclamação, a identificação do fornecedor e o atendimento ou não da reclamação pelo fornecedor.

§ 3º Os cadastros deverão ser atualizados permanentemente, por meio das devidas anotações, não podendo conter informações negativas sobre fornecedores, referentes a período superior a cinco anos, contado da data da intimação da decisão definitiva.

Art. 60. Os cadastros de reclamações fundamentadas contra fornecedores são considerados arquivos públicos, sendo informações e fontes a todos acessíveis, gratuitamente, vedada a utilização abusiva ou, por qualquer outro modo, estranha à defesa e orientação dos consumidores, ressalvada a hipótese de publicidade comparativa.

Art. 61. O consumidor ou fornecedor poderá requerer em cinco dias a contar da divulgação do cadastro e mediante petição fundamentada, a retificação de informação inexata que nele conste, bem como a inclusão de informação omitida, devendo a autoridade competente, no prazo de dez dias úteis, pronunciar-se, motivadamente, pela procedência ou improcedência do pedido.

Parágrafo único: No caso de acolhimento do pedido, a autoridade competente providenciará, no prazo deste artigo, a retificação ou inclusão de informação e sua divulgação, nos termos do § 1º do art. 59 deste Decreto.

Art. 62. Os cadastros específicos de cada órgão público de defesa do consumidor serão consolidados em cadastros gerais, nos âmbitos federal e estadual, aos quais se aplica o disposto nos artigos desta Seção.

CAPÍTULO VII
DAS DISPOSIÇÕES GERAIS

Art. 63. Com base na Lei nº 8.078, de 1990, e legislação complementar, a Secretaria Nacional do Consumidor poderá expedir atos administrativos, visando à fiel observância das normas de proteção e defesa do consumidor. (Redação dada pelo Decreto nº 7.738, de 2012).

Art. 64. Poderão ser lavrados Autos de Comprovação ou Constatação, a fim de estabelecer a situação real de mercado, em determinado lugar e momento, obedecido o procedimento adequado.

Art. 65. Em caso de impedimento à aplicação do presente Decreto, ficam as autoridades competentes autorizadas a requisitar o emprego de força policial.

Art. 66. Este Decreto entra em vigor na data de sua publicação.

Art. 67. Fica revogado o Decreto nº 861, de 9 de julho de 1993.

Brasília, 20 de março de 1997; 176º da Independência e 109º da República.

FERNANDO HENRIQUE CARDOSO
Nelson A. Jobim

LEI Nº 10.962,
DE 11 DE OUTUBRO DE 2004

Dispõe sobre a oferta e as formas de afixação de preços de produtos e serviços para o consumidor.

O PRESIDENTE DA REPÚBLICA, faço saber que o Congresso Nacional decreta e eu sanciono a seguinte Lei:

Art. 1º Esta Lei regula as condições de oferta e afixação de preços de bens e serviços para o consumidor.

Art. 2º São admitidas as seguintes formas de afixação de preços em vendas a varejo para o consumidor:

I – no comércio em geral, por meio de etiquetas ou similares afixados diretamente nos bens expostos à venda, e em vitrines, mediante divulgação do preço à vista em caracteres legíveis;

II – em auto-serviços, supermercados, hipermercados, mercearias ou estabelecimentos comerciais onde o consumidor tenha acesso direto ao produto, sem intervenção do comerciante, mediante a impressão ou afixação do preço do produto na embalagem, ou a afixação de código referencial, ou ainda, com a afixação de código de barras.

III – no comércio eletrônico, mediante divulgação ostensiva do preço à vista, junto à imagem do produto ou descrição do serviço, em caracteres facilmente legíveis com tamanho de fonte não inferior a doze. (Incluído pela Lei nº 13.543, de 2017)

Parágrafo único. Nos casos de utilização de código referencial ou de barras, o comerciante deverá expor, de forma clara e legível, junto aos itens expostos, informação relativa ao preço à vista do produto, suas características e código.

Art. 2ºA Na venda a varejo de produtos fracionados em pequenas quantidades, o comerciante deverá informar, na etiqueta contendo o preço ou junto aos itens expostos, além do preço do produto à vista, o preço correspondente a uma das seguintes unidades fundamentais de medida: capacidade, massa, volume, comprimento ou área, de acordo com a forma habitual de comercialização de cada tipo de produto. (Incluído pela Lei nº 13.175, de 2015)

Parágrafo único. O disposto neste artigo não se aplica à comercialização de medicamentos. (Incluído pela Lei nº 13.175, de 2015)

Art. 3º Na impossibilidade de afixação de preços conforme disposto no art. 2º, é permitido o uso de relações de preços dos produtos expostos, bem como dos serviços oferecidos, de forma escrita, clara e acessível ao consumidor.

Art. 4º Nos estabelecimentos que utilizem código de barras para apreçamento, deverão ser oferecidos equipamentos de leitura ótica para consulta de preço pelo consumidor, localizados na área de vendas e em outras de fácil acesso.

§ 1º O regulamento desta Lei definirá, observados, dentre outros critérios ou fatores, o tipo e o tamanho do estabelecimento e a quantidade e a diversidade dos itens de bens e serviços, a área máxima que deverá ser atendida por cada leitora ótica.

§ 2º Para os fins desta Lei, considera-se área de vendas aquela na qual os consumidores têm acesso às mercadorias e serviços oferecidos para consumo no varejo, dentro do estabelecimento.

Art. 5º No caso de divergência de preços para o mesmo produto entre os sistemas de informação de preços utilizados pelo estabelecimento, o consumidor pagará o menor dentre eles.

Art. 5ºA O fornecedor deve informar, em local e formato visíveis ao consumidor, eventuais descontos oferecidos em função do prazo ou do instrumento de pagamento utilizado. (Incluído pela Lei nº 13.455, de 2017)

Parágrafo único. Aplicam-se às infrações a este artigo as sanções previstas na Lei nº 8.078, de 11 de setembro de 1990. (Incluído pela Lei nº 13.455, de 2017)

Art. 6º (Vetado)

Art. 7º Esta Lei entra em vigor na data de sua publicação.

Brasília, 11 de outubro de 2004; 183º da Independência e 116º da República.

LUIZ INÁCIO LULA DA SILVA
Márcio Thomaz Bastos

DECRETO Nº 6.523,
DE 31 DE JULHO DE 2008

Regulamenta a Lei nº 8.078, de 11 de setembro de 1990, para fixar normas gerais sobre o Serviço de Atendimento ao Consumidor – SAC.

O PRESIDENTE DA REPÚBLICA, no uso da atribuição que lhe confere o art. 84, inciso IV, da Constituição, e tendo em vista o disposto na Lei nº 8.078, de 11 de setembro de 1990,

DECRETA:

Art. 1º Este Decreto regulamenta a Lei nº 8.078, de 11 de setembro de 1990, e fixa normas gerais sobre o Serviço de Atendimento ao Consumidor – SAC por telefone, no âmbito dos fornecedores de serviços regulados pelo Poder Público federal, com vistas à observância dos direitos básicos do consumidor de obter informação adequada e clara sobre os serviços que contratar e de manter-se protegido contra práticas abusivas ou ilegais impostas no fornecimento desses serviços.

CAPÍTULO I
DO ÂMBITO DA APLICAÇÃO

Art. 2º Para os fins deste Decreto, compreende-se por SAC o serviço de atendimento telefônico das prestadoras de serviços regulados que tenham como finalidade resolver as demandas dos consumidores sobre informação, dúvida, reclamação, suspensão ou cancelamento de contratos e de serviços.

Parágrafo único. Excluem-se do âmbito de aplicação deste Decreto a oferta e a contratação de produtos e serviços realizadas por telefone.

CAPÍTULO II
DA ACESSIBILIDADE DO SERVIÇO

Art. 3º As ligações para o SAC serão gratuitas e o atendimento das solicitações e demandas previsto neste Decreto não deverá resultar em qualquer ônus para o consumidor.

Art. 4º O SAC garantirá ao consumidor, no primeiro menu eletrônico, as opções de contato com o atendente, de reclamação e de cancelamento de contratos e serviços.

§ 1º A opção de contatar o atendimento pessoal constará de todas as subdivisões do menu eletrônico.

§ 2º O consumidor não terá a sua ligação finalizada pelo fornecedor antes da conclusão do atendimento.

§ 3º O acesso inicial ao atendente não será condicionado ao prévio fornecimento de dados pelo consumidor.

§ 4º Regulamentação específica tratará do tempo máximo necessário para o contato direto com o atendente, quando essa opção for selecionada.

Art. 5º O SAC estará disponível, ininterruptamente, durante vinte e quatro horas por dia e sete dias por semana, ressalvado o disposto em normas específicas.

Art. 6º O acesso das pessoas com deficiência auditiva ou de fala será garantido pelo SAC, em caráter preferencial, facultado à empresa atribuir número telefônico específico para este fim.

Art. 7º O número do SAC constará de forma clara e objetiva em todos os documentos e materiais impressos entregues ao consumidor no momento da contratação do serviço e durante o seu fornecimento, bem como na página eletrônica da empresa na INTERNET.

Parágrafo único. No caso de empresa ou grupo empresarial que oferte serviços conjuntamente, será garantido ao consumidor o acesso, ainda que por meio de diversos números de telefone, a canal único que possibilite o atendimento de demanda relativa a qualquer um dos serviços oferecidos.

CAPÍTULO III
DA QUALIDADE DO ATENDIMENTO

Art. 8º O SAC obedecerá aos princípios da dignidade, boafé, transparência, eficiência, eficácia, celeridade e cordialidade.

Art. 9º O atendente, para exercer suas funções no SAC, deve ser capacitado com as habilidades técnicas e procedimentais necessárias para realizar o adequado atendimento ao consumidor, em linguagem clara.

Art. 10. Ressalvados os casos de reclamação e de cancelamento de serviços, o SAC garantirá a transferência imediata ao setor competente para atendimento definitivo da demanda, caso o primeiro atendente não tenha essa atribuição.

§ 1º A transferência dessa ligação será efetivada em até sessenta segundos.

§ 2º Nos casos de reclamação e cancelamento de serviço, não será admitida a transferência da ligação, devendo todos os atendentes possuir atribuições para executar essas funções.

§ 3º O sistema informatizado garantirá ao atendente o acesso ao histórico de demandas do consumidor.

Art. 11. Os dados pessoais do consumidor serão preservados, mantidos em sigilo e utilizados exclusivamente para os fins do atendimento.

Art. 12. É vedado solicitar a repetição da demanda do consumidor após seu registro pelo primeiro atendente.

Art. 13. O sistema informatizado deve ser programado tecnicamente de modo a garantir a agilidade, a segurança das informações e o respeito ao consumidor.

Art. 14. É vedada a veiculação de mensagens publicitárias durante o tempo de espera para o atendimento, salvo se houver prévio consentimento do consumidor.

CAPÍTULO IV
DO ACOMPANHAMENTO DE DEMANDAS

Art. 15. Será permitido o acompanhamento pelo consumidor de todas as suas demandas por meio de registro numérico, que lhe será informado no início do atendimento.

§ 1º Para fins do disposto no caput, será utilizada seqüência numérica única para identificar todos os atendimentos.

§ 2º O registro numérico, com data, hora e objeto da demanda, será informado ao consumidor e, se por este solicitado, enviado por correspondência ou por meio eletrônico, a critério do consumidor.

§ 3º É obrigatória a manutenção da gravação das chamadas efetuadas para o SAC, pelo prazo mínimo de noventa dias, durante o qual o consumidor poderá requerer acesso ao seu conteúdo.

§ 4º O registro eletrônico do atendimento será mantido à disposição do consumidor e do órgão ou entidade fiscalizadora por um período mínimo de dois anos após a solução da demanda.

Art. 16. O consumidor terá direito de acesso ao conteúdo do histórico de suas demandas, que lhe será enviado, quando solicitado, no prazo máximo de setenta e duas horas, por correspondência ou por meio eletrônico, a seu critério.

CAPÍTULO V
DO PROCEDIMENTO PARA A RESOLUÇÃO DE DEMANDAS

Art. 17. As informações solicitadas pelo consumidor serão prestadas imediatamente e suas reclamações, resolvidas no prazo máximo de cinco dias úteis a contar do registro.

§ 1º O consumidor será informado sobre a resolução de sua demanda e, sempre que solicitar, ser-lhe-á enviada a comprovação pertinente por correspondência ou por meio eletrônico, a seu critério.

§ 2º A resposta do fornecedor será clara e objetiva e deverá abordar todos os pontos da demanda do consumidor.

§ 3º Quando a demanda versar sobre serviço não solicitado ou cobrança indevida, a cobrança será suspensa imediatamente, salvo se o fornecedor indicar o instrumento por meio do qual o serviço foi contratado e comprovar que o valor é efetivamente devido.

CAPÍTULO VI
DO PEDIDO DE CANCELAMENTO DO SERVIÇO

Art. 18. O SAC receberá e processará imediatamente o pedido de cancelamento de serviço feito pelo consumidor.

§ 1º O pedido de cancelamento será permitido e assegurado ao consumidor por todos os meios disponíveis para a contratação do serviço.

§ 2º Os efeitos do cancelamento serão imediatos à solicitação do consumidor, ainda que o seu processamento técnico necessite de prazo, e independe de seu adimplemento contratual.

§ 3º O comprovante do pedido de cancelamento será expedido por correspondência ou por meio eletrônico, a critério do consumidor.

CAPÍTULO VII
DAS DISPOSIÇÕES FINAIS

Art. 19. A inobservância das condutas descritas neste Decreto ensejará aplicação das sanções previstas no art. 56 da Lei nº 8.078, de 1990, sem prejuízo das constantes dos regulamentos específicos dos órgãos e entidades reguladoras.

Art. 20. Os órgãos competentes, quando necessário, expedirão normas complementares e específicas para execução do disposto neste Decreto.

Art. 21. Os direitos previstos neste Decreto não excluem outros, decorrentes de regulamentações expedidas pelos órgãos e entidades reguladores, desde que mais benéficos para o consumidor.

Art. 22. Este Decreto entra em vigor em 1º de dezembro de 2008.

Brasília, 31 de julho de 2008; 187º da Independência e 120º da República.

LUIZ INÁCIO LULA DA SILVA
Tarso Genro

DECRETO Nº 7.962, DE 15 DE MARÇO DE 2013

Regulamenta a Lei nº 8.078, de 11 de setembro de 1990, para dispor sobre a contratação no comércio eletrônico.

A PRESIDENTA DA REPÚBLICA, no uso da atribuição que lhe confere o art. 84, caput, inciso IV, da Constituição, e tendo em vista o disposto na Lei nº 8.078, de 11 de setembro de 1990.

DECRETA:
Art. 1º Este Decreto regulamenta a Lei nº 8.078, de 11 de setembro de 1990, para dispor sobre a contratação no comércio eletrônico, abrangendo os seguintes aspectos:
I – informações claras a respeito do produto, serviço e do fornecedor;
II – atendimento facilitado ao consumidor; e
III – respeito ao direito de arrependimento.
Art. 2º Os sítios eletrônicos ou demais meios eletrônicos utilizados para oferta ou conclusão de contrato de consumo devem disponibilizar, em local de destaque e de fácil visualização, as seguintes informações:
I – nome empresarial e número de inscrição do fornecedor, quando houver, no Cadastro Nacional de Pessoas Físicas ou no Cadastro Nacional de Pessoas Jurídicas do Ministério da Fazenda;
II – endereço físico e eletrônico, e demais informações necessárias para sua localização e contato;
III – características essenciais do produto ou do serviço, incluídos os riscos à saúde e à segurança dos consumidores;
IV – discriminação, no preço, de quaisquer despesas adicionais ou acessórias, tais como as de entrega ou seguros;
V – condições integrais da oferta, incluídas modalidades de pagamento, disponibilidade, forma e prazo da execução do serviço ou da entrega ou disponibilização do produto; e
VI – informações claras e ostensivas a respeito de quaisquer restrições à fruição da oferta.
Art. 3º Os sítios eletrônicos ou demais meios eletrônicos utilizados para ofertas de compras coletivas ou modalidades análogas de contratação deverão conter, além das informações previstas no art. 2º, as seguintes:
I – quantidade mínima de consumidores para a efetivação do contrato;
II – prazo para utilização da oferta pelo consumidor; e

III – identificação do fornecedor responsável pelo sítio eletrônico e do fornecedor do produto ou serviço ofertado, nos termos dos incisos I e II do art. 2º.

Art. 4º Para garantir o atendimento facilitado ao consumidor no comércio eletrônico, o fornecedor deverá:

I – apresentar sumário do contrato antes da contratação, com as informações necessárias ao pleno exercício do direito de escolha do consumidor, enfatizadas as cláusulas que limitem direitos;

II – fornecer ferramentas eficazes ao consumidor para identificação e correção imediata de erros ocorridos nas etapas anteriores à finalização da contratação;

III – confirmar imediatamente o recebimento da aceitação da oferta;

IV – disponibilizar o contrato ao consumidor em meio que permita sua conservação e reprodução, imediatamente após a contratação;

V – manter serviço adequado e eficaz de atendimento em meio eletrônico, que possibilite ao consumidor a resolução de demandas referentes a informação, dúvida, reclamação, suspensão ou cancelamento do contrato;

VI – confirmar imediatamente o recebimento das demandas do consumidor referidas no inciso, pelo mesmo meio empregado pelo consumidor; e

VII – utilizar mecanismos de segurança eficazes para pagamento e para tratamento de dados do consumidor.

Parágrafo único. A manifestação do fornecedor às demandas previstas no inciso V do caput será encaminhada em até cinco dias ao consumidor.

Art. 5º O fornecedor deve informar, de forma clara e ostensiva, os meios adequados e eficazes para o exercício do direito de arrependimento pelo consumidor.

§ 1º O consumidor poderá exercer seu direito de arrependimento pela mesma ferramenta utilizada para a contratação, sem prejuízo de outros meios disponibilizados.

§ 2º O exercício do direito de arrependimento implica a rescisão dos contratos acessórios, sem qualquer ônus para o consumidor.

§ 3º O exercício do direito de arrependimento será comunicado imediatamente pelo fornecedor à instituição financeira ou à administradora do cartão de crédito ou similar, para que:

I – a transação não seja lançada na fatura do consumidor; ou

II – seja efetivado o estorno do valor, caso o lançamento na fatura já tenha sido realizado.

§ 4º O fornecedor deve enviar ao consumidor confirmação imediata do recebimento da manifestação de arrependimento. Art. 6º As contratações no comércio eletrônico deverão observar o cumprimento das condições da oferta, com a entrega dos produtos e serviços contratados, observados prazos, quantidade, qualidade e adequação.

Art. 7º A inobservância das condutas descritas neste Decreto ensejará aplicação das sanções previstas no art. 56 da Lei nº 8.078, de 1990.

Art. 8º O Decreto nº 5.903, de 20 de setembro de 2006, passa a vigorar com as seguintes alterações:

"**Art. 10.** ....

Parágrafo único. O disposto nos arts. 2º, 3º e 9º deste Decreto aplica-se às contratações no comércio eletrônico." (NR)

Art. 9º Este Decreto entra em vigor sessenta dias após a data de sua publicação.

Brasília, 15 de março de 2013; 192º da Independência e 125º da República.

DILMA ROUSSEFF
José Eduardo Cardozo

DECRETO Nº 7.963, DE 15 DE MARÇO DE 2013

Institui o Plano Nacional de Consumo e Cidadania e cria a Câmara Nacional das Relações de Consumo.

A PRESIDENTA DA REPÚBLICA, no uso da atribuição que lhe confere o art. 84, caput, inciso VI, alínea "a", da Constituição,

DECRETA:

Art. 1º Fica instituído o Plano Nacional de Consumo e Cidadania, com a finalidade de promover a proteção e defesa do consumidor em todo o território nacional, por meio da integração e articulação de políticas, programas e ações.

Parágrafo único. O Plano Nacional de Consumo e Cidadania será executado pela União em colaboração com Estados, Distrito Federal, Municípios e com a sociedade.

Art. 2º São diretrizes do Plano Nacional de Consumo e Cidadania:

I – educação para o consumo;
II – adequada e eficaz prestação dos serviços públicos;
III – garantia do acesso do consumidor à justiça;
IV – garantia de produtos e serviços com padrões adequados de qualidade, segurança, durabilidade e desempenho;
V – fortalecimento da participação social na defesa dos consumidores;
VI – prevenção e repressão de condutas que violem direitos do consumidor; e
VII – autodeterminação, privacidade, confidencialidade e segurança das informações e dados pessoais prestados ou coletados, inclusive por meio eletrônico.

Art. 3º São objetivos do Plano Nacional de Consumo e Cidadania:

I – garantir o atendimento das necessidades dos consumidores;
II – assegurar o respeito à dignidade, saúde e segurança do consumidor;
III – estimular a melhoria da qualidade de produtos e serviços colocados no mercado de consumo;
IV – assegurar a prevenção e a repressão de condutas que violem direitos do consumidor;
V – promover o acesso a padrões de produção e consumo sustentáveis; e
VI – promover a transparência e harmonia das relações de consumo.

Art. 4º São eixos de atuação do Plano Nacional de Consumo e Cidadania:

I – prevenção e redução de conflitos;
II – regulação e fiscalização; e

III - fortalecimento do Sistema Nacional de Defesa do Consumidor.

Art. 5º O eixo de prevenção e redução de conflitos será composto, dentre outras, pelas seguintes políticas e ações:

I - aprimoramento dos procedimentos de atendimento ao consumidor no pós-venda de produtos e serviços;

II - criação de indicadores e índices de qualidade das relações de consumo; e

III - promoção da educação para o consumo, incluída a qualificação e capacitação profissional em defesa do consumidor.

Art. 5º O eixo regulação e fiscalização será composto, dentre outras, pelas seguintes políticas e ações:

I - instituição de avaliação de impacto regulatório sob a perspectiva dos direitos do consumidor;

II - promoção da inclusão, nos contratos de concessão de serviços públicos, de mecanismos de garantia dos direitos do consumidor;

III - ampliação e aperfeiçoamento dos processos fiscalizatórios quanto à efetivação de direitos do consumidor;

IV - garantia de autodeterminação, privacidade, confidencialidade e segurança das informações e dados pessoais prestados ou coletados, inclusive por meio eletrônico;

V - garantia da efetividade da execução das multas; e

VI - implementação de outras medidas sancionatórias relativas à regulação de serviços.

Art. 7º O eixo de fortalecimento do Sistema Nacional de Defesa do Consumidor será composto, dentre outras, pelas seguintes políticas e ações:

I - estímulo à interiorização e ampliação do atendimento ao consumidor, por meio de parcerias com Estados e Municípios;

II - promoção da participação social junto ao Sistema Nacional de Defesa do Consumidor; e

III - fortalecimento da atuação dos Procons na proteção dos direitos dos consumidores.

Art. 8º Dados e informações de atendimento ao consumidor registrados no Sistema Nacional de Informações de Defesa do Consumidor - SINDEC, que integra os órgãos de proteção e defesa do consumidor em todo o território nacional, subsidiarão a definição das Políticas e ações do Plano Nacional de Consumo e Cidadania.

Parágrafo único. Compete ao Ministério da Justiça coordenar, gerenciar e ampliar o SINDEC, garantindo o acesso às suas informações.

Art. 9º Fica criada a Câmara Nacional das Relações de Consumo, no Conselho de Governo de que trata o art. 7º da Lei nº 10.683, de 28 de maio de

2003, com as seguintes instâncias para a gestão do Plano Nacional de Consumo e Cidadania:

I – Conselho de Ministros; e

II – Observatório Nacional das Relações de Consumo.

Parágrafo único. O apoio administrativo necessário ao funcionamento das instâncias instituídas no caput será prestado pelo Ministério da Justiça.

Art. 10. Compete ao Conselho de Ministros da Câmara Nacional das Relações de Consumo do Plano Nacional de Consumo e Cidadania orientar a formulação, a implementação, o monitoramento e a avaliação do Plano.

§ 1º O Conselho de Ministros do Plano Nacional de Consumo e Cidadania será integrado por:

I – Ministro de Estado da Justiça, que o presidirá;

II – Ministro Chefe da Casa Civil da Presidência da República;

III – Ministro de Estado da Fazenda;

IV – Ministro de Estado do Desenvolvimento, Indústria e Comércio Exterior; e

V – Ministro de Estado do Planejamento, Orçamento e Gestão.

§ 2º Os membros do Conselho de Ministros do Plano Nacional de Consumo e Cidadania indicarão seus respectivos suplentes.

§ 3º Poderão ser convidados para as reuniões do Conselho de Ministros representantes de órgãos da administração pública federal, dos Estados, Distrito Federal e Municípios, e de entidades privadas.

§ 4º O Conselho de Ministros da Câmara Nacional das Relações de Consumo do Plano Nacional de Consumo e Cidadania poderá criar comitês técnicos destinados ao estudo e elaboração de propostas sobre temas específicos relacionados ao Plano.

Art. 11. Compete ao Observatório Nacional das Relações de Consumo:

I – promover estudos e formular propostas para consecução dos objetivos do Plano Nacional de Consumo e Cidadania; e

II – acompanhar a execução das políticas, programas e ações do Plano Nacional de Consumo e Cidadania.

§ 1º O Observatório Nacional das Relações de Consumo terá a seguinte estrutura:

I – Secretaria Executiva,

II – Comitê Técnico de Consumo e Regulação; III – Comitê Técnico de Consumo e Turismo; e **IV** – Comitê Técnico de Consumo e Pós-Venda.

§ 2º O Observatório Nacional das Relações de Consumo será composto por representantes dos seguintes órgãos:

I – na Secretaria-Executiva: Secretaria Nacional do Consumidor do Ministério da Justiça;

II - no Comitê Técnico de Consumo e Regulação:
a) Ministério da Justiça, que o presidirá;
b) Ministério da Fazenda;
c) Ministério das Comunicações
d) Ministério de Minas e Energia;
e) Ministério da Saúde;
f) Secretaria de Aviação Civil;
g) Agência Nacional de Telecomunicações;
h) Agência Nacional de Energia Elétrica;
i) Agência Nacional de Saúde Suplementar;
j) Agência Nacional de Aviação Civil; e
k) Banco Central do Brasil;
III - no Comitê Técnico de Consumo e Turismo:
a) Ministério da Justiça, que o presidirá;
b) Ministério do Turismo;
c) Secretaria de Aviação Civil;
d) Ministério da Saúde;
e) Ministério dos Transportes;
f) Instituto Brasileiro de Turismo - EMBRATUR;
g) Empresa Brasileira de Infraestrutura Aeronáutica - INFRAERO;
h) Agência Nacional de Aviação Civil;
i) Agência Nacional de Vigilância Sanitária; e
j) Agência Nacional de Transportes Terrestres; e
IV - no Comitê Técnico de Consumo e Pós-Venda:
a) Ministério da Justiça, que o presidirá;
b) Ministério da Fazenda;
c) Ministério da Educação,
d) Ministério do Meio Ambiente;
e) Ministério do Desenvolvimento, Indústria e Comércio Exterior; e
f) Instituto Nacional de Metrologia, Normalização e Tecnologia.

§ 3º A designação do Secretário-Executivo e dos membros dos Comitês Técnicos do Observatório Nacional de Relações de Consumo será feita pelo Ministro de Estado da Justiça, com respectivos suplentes, a partir da indicação dos órgãos representados.

§ 4º Poderão ser convidados para participar das reuniões dos Comitês Técnicos representantes de órgãos da administração pública federal, dos Estados, Distrito Federal e Municípios, e de entidades privadas.

§ 5º Os Comitês Técnicos apresentarão à Secretaria-Executiva relatórios periódicos com propostas, resultados de estudos e registros do acompanhamento do Plano Nacional de Consumo e Cidadania de sua esfera temática.

Art. 12. A participação nas instâncias colegiadas instituídas neste Decreto será considerada prestação de serviço público relevante, não remunerada.

Art. 13. Para a execução do Plano Nacional de Consumo e Cidadania poderão ser firmados convênios, acordos de cooperação, ajustes ou instrumentos congêneres, com órgãos e entidades da administração pública federal, dos Estados, do Distrito Federal e dos Municípios, com consórcios públicos, bem como com entidades privadas, na forma da legislação pertinente.

Art. 14. O Plano Nacional de Consumo e Cidadania será custeado por:

I – dotações orçamentárias da União consignadas anualmente nos orçamentos dos órgãos e entidades envolvidos no Plano, observados os limites de movimentação, de empenho e de pagamento fixados anualmente;

II – recursos oriundos dos órgãos participantes do Plano Nacional de Consumo e Cidadania e que não estejam consignados nos Orçamentos Fiscal e da Seguridade Social da União; e

III – outras fontes de recursos destinadas por Estados, Distrito Federal e Municípios, bem como por outras entidades públicas.

Art. 15. O Ministro de Estado do Planejamento, Orçamento e Gestão poderá, nos termos do § 7º do art. 93 da Lei nº 8.112, de 11 de dezembro de 1990, determinar o exercício temporário de servidores ou empregados dos órgãos integrantes do Observatório Nacional das Relações de Consumo da administração pública federal direta e indireta para desempenho de atividades no âmbito do Ministério da Justiça, com objetivo de auxiliar a gestão do Plano Nacional de Consumo e Cidadania.

§ 1º A determinação de exercício temporário referido no
caput observará os seguintes procedimentos:

I – requisição do Ministro de Estado da Justiça ao Ministro de Estado ou autoridade competente de órgão integrante da Presidência da República a que pertencer o servidor;

II – o órgão ou entidade cedente instruirá o processo de requisição no prazo máximo de dez dias, encaminhando-o ao Ministério do Planejamento, Orçamento e Gestão; e

III – examinada a adequação da requisição ao disposto neste Decreto, o Ministro de Estado do Planejamento, Orçamento e Gestão editará, no prazo de até dez dias, ato determinando o exercício temporário do servidor requisitado.

§ 2º O prazo do exercício temporário não poderá ser superior a um ano, admitindo-se prorrogações sucessivas, de acordo com as necessidades do projeto.

§ 3º Os servidores de que trata o caput deverão, preferencialmente, ser ocupantes de cargos efetivos de Especialista em Regulação de Serviços Públicos de Telecomunicações, de Especialista em Regulação de Serviços Públicos de Energia, de Especialista em Regulação de Saúde Suplementar, e de Especialista em Regulação de Aviação Civil, integrantes das carreiras de que trata a Lei nº 10.871, de 20 de maio de 2004, e de Analista em Tecnologia da Informação e de economista, do Plano Geral de Cargos do Poder Executivo – PGPE.

Art. 16. O Conselho de Ministros da Câmara Nacional das Relações de Consumo elaborará, em prazo definido por seus membros e formalizado em ato do Ministro de Estado da Justiça, proposta de regulamentação do § 3º do art. 18 da Lei nº 8.078, de 1990, para especificar produtos de consumo considerados essenciais e dispor sobre procedimentos para uso imediato das alternativas previstas no § 1º do art. 18 da referida Lei. (Redação dada pelo Decreto nº 7.986, de 2013)

Art. 17. Este Decreto entra em vigor na data de sua publicação.

Brasília, 15 de março de 2013; 192º da Independência e 125º da República.

DILMA ROUSSEFF
José Eduardo Cardozo

DECRETO Nº 8.573, DE 19 DE NOVEMBRO DE 2015

Dispõe sobre o Consumidor.gov.br, sistema alternativo de solução de conflitos de consumo, e dá outras providências.

A PRESIDENTA DA REPÚBLICA, no uso das atribuições que lhe conferem o art. 84, caput, incisos IV e VI, alínea "a", da Constituição, e tendo em vista o disposto no **art. 4º**, caput, incisos III e V, da Lei nº 8.078, de 11 de setembro de 1990,

DECRETA:
Art. 1º Este Decreto dispõe sobre o Consumidor.gov.br, sistema alternativo de solução de conflitos de consumo, de natureza gratuita e alcance nacional, na forma de sítio na internet, com a finalidade de estimular a autocomposição entre consumidores e fornecedores para solução de demandas de consumo.
Art. 2º São objetivos do Consumidor.gov.br:
I – ampliar o atendimento ao consumidor;
II – prevenir condutas que violem os direitos do consumidor;
III – promover a transparência nas relações de consumo;
IV – contribuir na elaboração e implementação de políticas públicas de defesa do consumidor;
V – estimular a harmonização das relações entre consumidores e fornecedores; e
VI – incentivar a competitividade por meio da melhoria da qualidade do atendimento ao consumidor.
Art. 3º A Secretaria Nacional do Consumidor – Senacon do Ministério da Justiça prestará o apoio administrativo e os meios necessários para o funcionamento do Consumidor.gov.br.
Art. 4º Fica instituído, no âmbito do Ministério da Justiça, o Comitê Gestor do Consumidor.gov.br, com o objetivo de definir ações e coordenar a gestão e manutenção do Consumidor.gov.br.
§ 1º O Comitê Gestor será composto por:
I – um representante da Senacon do Ministério da Justiça, que o presidirá;
II – um representante da Secretária-Executiva do Ministério da Justiça;
III – quatro representantes do Sistema Nacional de Defesa do Consumidor; e
IV – quatro representantes do setor produtivo.
§ 2º Os órgãos e entidades a que se referem os incisos de I a IV indicarão seus representantes e suplentes, que serão designados por ato do Ministro de Estado da Justiça.

§ 3º O Comitê Gestor do Consumidor.gov.br poderá convidar especialistas ou representantes de órgãos ou entidades, públicas ou privadas, inclusive organizações da sociedade civil, para acompanhar ou participar de suas reuniões.

Art. 5º Compete ao Comitê Gestor do Consumidor.gov.br:

I – apoiar a Senacon na gestão do sistema e no aprimoramento das políticas e diretrizes de atendimento aos consumidores;

II – promover o Consumidor.gov.br por meio da elaboração de ações específicas;

III – propor mecanismos para o financiamento, a manutenção e o aprimoramento do Consumidor.gov.br; e

IV – elaborar seu regimento interno, que deverá ser aprovado por maioria simples de seus membros.

Art. 6º A participação no Comitê Gestor do Consumidor. gov.br será considerada prestação de serviço público relevante, não remunerada.

Art. 7º Este Decreto entra em vigor na data de sua publicação.

Brasília, 19 de novembro de 2015; 194º da Independência e 127º da República.

DILMA ROUSSEFF
Gabriel de Carvalho Sampaio

LEI Nº 13.455, DE 26 DE JUNHO DE 2017

Dispõe sobre a diferenciação de preços de bens e serviços oferecidos ao público em função do prazo ou do instrumento de pagamento utilizado, e altera a Le nº 10.962, de 11 de outubro de 2004.

O PRESIDENTE DA REPÚBLICA, faço saber que o Congresso Nacional decreta e eu sanciono a seguinte Lei:

Art. 1º Fica autorizada a diferenciação de preços de bens e serviços oferecidos ao público em função do prazo ou do instrumento de pagamento utilizado.

Parágrafo único. É nula a cláusula contratual, estabelecida no âmbito de arranjos de pagamento ou de outros acordos para prestação de serviço de pagamento, que proíba ou restrinja a diferenciação de preços facultada no caput deste artigo.

Art. 2º A Lei nº 10.962, de 11 de outubro de 2004, passa a vigorar acrescida do seguinte art. 5º-A:

"**Art. 5º-A.** O fornecedor deve informar, em local e formato visíveis ao consumidor, eventuais descontos oferecidos em função do prazo ou do instrumento de pagamento utilizado.

Parágrafo único. Aplicam-se às infrações a este artigo as sanções previstas na Lei nº 8.078, de 11 de setembro de 1990."

Art. 3º Esta Lei entra em vigor na data de sua publicação.

Brasília, 26 de junho de 2017; 196º da Independência e 129º da República.

MICHEL TEMER
Henrique Meirelles
Ilan Goldfajn

LEI Nº 13.543, DE 19 DE DEZEMBRO DE 2017

Acrescenta dispositivo à Lei no 10.962, de 11 de outubro de 2004, que dispõe sobre a oferta e as formas de afixação de preços de produtos e serviços para o consumidor.

O PRESIDENTE DA REPÚBLICA, faço saber que o Congresso Nacional decreta e eu sanciono a seguinte Lei:

Art. 1º Esta Lei altera a Lei no 10.962, de 11 de outubro de 2004, para regular as condições de informação do preço de bens e serviços ao consumidor, no comércio eletrônico.

Art. 2º O art. 2o da Lei no 10.962, de 11 de outubro de 2004, passa a vigorar acrescido do seguinte inciso III:
"Art. 2º ....
....
III - no comércio eletrônico, mediante divulgação ostensiva do preço à vista, junto à imagem do produto ou descrição do serviço, em caracteres facilmente legíveis com tamanho de fonte não inferior a doze.
...." (NR)

Art. 3º Esta Lei entra em vigor na data de sua publicação.

Brasília, 19 de dezembro de 2017; 196º da Independência e 129º da República.

MICHEL TEMER
Torquato Jardim

LEI Nº 14.181,
DE 1º DE JULHO DE 2021

> *Altera a Lei nº 8.078, de 11 de setembro de 1990 (Código de Defesa do Consumidor), e a Lei nº 10.741, de 1º de outubro de 2003 (Estatuto do Idoso), para aperfeiçoar a disciplina do crédito ao consumidor e dispor sobre a prevenção e o tratamento do superendividamento.*

O PRESIDENTE DA REPÚBLICA, faço saber que o Congresso Nacional decreta e eu sanciono a seguinte Lei:

Art. 1º A Lei nº 8.078, de 11 de setembro de 1990 (Código de Defesa do Consumidor), passa a vigorar com as seguintes alterações:
"Art. 4º ....
....
IX - fomento de ações direcionadas à educação financeira e ambiental dos consumidores;
X - prevenção e tratamento do superendividamento como forma de evitar a exclusão social do consumidor." (NR)
"Art. 5º ....
....
VI - instituição de mecanismos de prevenção e tratamento extrajudicial e judicial do superendividamento e de proteção do consumidor pessoa natural;
VII - instituição de núcleos de conciliação e mediação de conflitos oriundos de superendividamento.
...." (NR)
Art. 6º ....
....
XI - a garantia de práticas de crédito responsável, de educação financeira e de prevenção e tratamento de situações de superendividamento, preservado o mínimo existencial, nos termos da regulamentação, por meio da revisão e da repactuação da dívida, entre outras medidas;
XII - a preservação do mínimo existencial, nos termos da regulamentação, na repactuação de dívidas e na concessão de crédito;
XIII - a informação acerca dos preços dos produtos por unidade de medida, tal como por quilo, por litro, por metro ou por outra unidade, conforme o caso.
...." (NR)

Art. 51. ....
....
XVII - condicionem ou limitem de qualquer forma o acesso aos órgãos do Poder Judiciário;
XVIII - estabeleçam prazos de carência em caso de impontualidade das prestações mensais ou impeçam o restabelecimento integral dos direitos do consumidor e de seus meios de pagamento a partir da purgação da mora ou do acordo com os credores;
XIX - (Vetado).
...." (NR)

CAPÍTULO VI-A
DA PREVENÇÃO E DO TRATAMENTO DO SUPERENDIVIDAMENTO

Art. 54-A. Este Capítulo dispõe sobre a prevenção do superendividamento da pessoa natural, sobre o crédito responsável e sobre a educação financeira do consumidor.

§ 1º Entende-se por superendividamento a impossibilidade manifesta de o consumidor pessoa natural, de boa-fé, pagar a totalidade de suas dívidas de consumo, exigíveis e vincendas, sem comprometer seu mínimo existencial, nos termos da regulamentação.

§ 2º As dívidas referidas no § 1º deste artigo englobam quaisquer compromissos financeiros assumidos decorrentes de relação de consumo, inclusive operações de crédito, compras a prazo e serviços de prestação continuada.

§ 3º O disposto neste Capítulo não se aplica ao consumidor cujas dívidas tenham sido contraídas mediante fraude ou má-fé, sejam oriundas de contratos celebrados dolosamente com o propósito de não realizar o pagamento ou decorram da aquisição ou contratação de produtos e serviços de luxo de alto valor.'

Art. 54-B. No fornecimento de crédito e na venda a prazo, além das informações obrigatórias previstas no art. 52 deste Código e na legislação aplicável à matéria, o fornecedor ou o intermediário deverá informar o consumidor, prévia e adequadamente, no momento da oferta, sobre:

I - o custo efetivo total e a descrição dos elementos que o compõem;

II - a taxa efetiva mensal de juros, bem como a taxa dos juros de mora e o total de encargos, de qualquer natureza, previstos para o atraso no pagamento;

III - o montante das prestações e o prazo de validade da oferta, que deve ser, no mínimo, de 2 (dois) dias;

IV - o nome e o endereço, inclusive o eletrônico, do fornecedor;

V - o direito do consumidor à liquidação antecipada e não onerosa do débito, nos termos do § 2º do art. 52 deste Código e da regulamentação em vigor.

§ 1º As informações referidas no art. 52 deste Código e no caput deste artigo devem constar de forma clara e resumida do próprio contrato, da fatura ou de instrumento apartado, de fácil acesso ao consumidor.

§ 2º Para efeitos deste Código, o custo efetivo total da operação de crédito ao consumidor consistirá em taxa percentual anual e compreenderá todos os valores cobrados do consumidor, sem prejuízo do cálculo padronizado pela autoridade reguladora do sistema financeiro.

§ 3º Sem prejuízo do disposto no art. 37 deste Código, a oferta de crédito ao consumidor e a oferta de venda a prazo, ou a fatura mensal, conforme o caso, devem indicar, no mínimo, o custo efetivo total, o agente financiador e a soma total a pagar, com e sem financiamento.'

Art. 54-C. É vedado, expressa ou implicitamente, na oferta de crédito ao consumidor, publicitária ou não:

I - (Vetado);

II - indicar que a operação de crédito poderá ser concluída sem consulta a serviços de proteção ao crédito ou sem avaliação da situação financeira do consumidor;

III - ocultar ou dificultar a compreensão sobre os ônus e os riscos da contratação do crédito ou da venda a prazo;

IV - assediar ou pressionar o consumidor para contratar o fornecimento de produto, serviço ou crédito, principalmente se se tratar de consumidor idoso, analfabeto, doente ou em estado de vulnerabilidade agravada ou se a contratação envolver prêmio;

V - condicionar o atendimento de pretensões do consumidor ou o início de tratativas à renúncia ou à desistência de demandas judiciais, ao pagamento de honorários advocatícios ou a depósitos judiciais.

Parágrafo único. (Vetado).'

Art. 54-D. Na oferta de crédito, previamente à contratação, o fornecedor ou o intermediário deverá, entre outras condutas:

I - informar e esclarecer adequadamente o consumidor, considerada sua idade, sobre a natureza e a modalidade do crédito oferecido, sobre todos os custos incidentes, observado o disposto nos arts. 52 e 54-B deste Código, e sobre as consequências genéricas e específicas do inadimplemento;

II - avaliar, de forma responsável, as condições de crédito do consumidor, mediante análise das informações disponíveis em bancos de dados de proteção ao crédito, observado o disposto neste Código e na legislação sobre proteção de dados;

III - informar a identidade do agente financiador e entregar ao consumidor, ao garante e a outros coobrigados cópia do contrato de crédito.

Parágrafo único. O descumprimento de qualquer dos deveres previstos no caput deste artigo e nos arts. 52 e 54-C deste Código poderá acarretar judicialmente a redução dos juros, dos encargos ou de qualquer acréscimo ao principal e a dilação do prazo de pagamento previsto no contrato original, conforme a gravidade da conduta do fornecedor e as possibilidades financeiras do consumidor, sem prejuízo de outras sanções e de indenização por perdas e danos, patrimoniais e morais, ao consumidor."

Art. 54-E. (Vetado).

Art. 54-F. São conexos, coligados ou interdependentes, entre outros, o contrato principal de fornecimento de produto ou serviço e os contratos acessórios de crédito que lhe garantam o financiamento quando o fornecedor de crédito:

I - recorrer aos serviços do fornecedor de produto ou serviço para a preparação ou a conclusão do contrato de crédito;

II - oferecer o crédito no local da atividade empresarial do fornecedor de produto ou serviço financiado ou onde o contrato principal for celebrado.

§ 1º O exercício do direito de arrependimento nas hipóteses previstas neste Código, no contrato principal ou no contrato de crédito, implica a resolução de pleno direito do contrato que lhe seja conexo.

§ 2º Nos casos dos incisos I e II do caput deste artigo, se houver inexecução de qualquer das obrigações e deveres do fornecedor de produto ou serviço, o consumidor poderá requerer a rescisão do contrato não cumprido contra o fornecedor do crédito.

§ 3º O direito previsto no § 2º deste artigo caberá igualmente ao consumidor:

I - contra o portador de cheque pós-datado emitido para aquisição de produto ou serviço a prazo;

II - contra o administrador ou o emitente de cartão de crédito ou similar quando o cartão de crédito ou similar e o produto ou serviço forem fornecidos pelo mesmo fornecedor ou por entidades pertencentes a um mesmo grupo econômico.

§ 4º A invalidade ou a ineficácia do contrato principal implicará, de pleno direito, a do contrato de crédito que lhe seja conexo, nos termos do caput deste artigo, ressalvado ao fornecedor do crédito o direito de obter do fornecedor do produto ou serviço a devolução dos valores entregues, inclusive relativamente a tributos."

Art. 54-G. Sem prejuízo do disposto no art. 39 deste Código e na legislação aplicável à matéria, é vedado ao fornecedor de produto ou serviço que envolva crédito, entre outras condutas:

I - realizar ou proceder à cobrança ou ao débito em conta de qualquer quantia que houver sido contestada pelo consumidor em compra realizada com cartão de crédito ou similar, enquanto não for adequadamente solucionada a controvérsia, desde que o consumidor haja notificado a administradora do cartão com antecedência de pelo menos 10 (dez) dias contados da data de vencimento da fatura, vedada a manutenção do valor na fatura seguinte e assegurado ao consumidor o direito de deduzir do total da fatura o valor em disputa e efetuar o pagamento da parte não contestada, podendo o emissor lançar como crédito em confiança o valor idêntico ao da transação contestada que tenha sido cobrada, enquanto não encerrada a apuração da contestação;

II - recusar ou não entregar ao consumidor, ao garante e aos outros coobrigados cópia da minuta do contrato principal de consumo ou do contrato de crédito, em papel ou outro suporte duradouro, disponível e acessível, e, após a conclusão, cópia do contrato;

III - impedir ou dificultar, em caso de utilização fraudulenta do cartão de crédito ou similar, que o consumidor peça e obtenha, quando aplicável, a anulação ou o imediato bloqueio do pagamento, ou ainda a restituição dos valores indevidamente recebidos.

§ 1º Sem prejuízo do dever de informação e esclarecimento do consumidor e de entrega da minuta do contrato, no empréstimo cuja liquidação seja feita mediante consignação em folha de pagamento, a formalização e a entrega da cópia do contrato ou do instrumento de contratação ocorrerão após o fornecedor do crédito obter da fonte pagadora a indicação sobre a existência de margem consignável.

§ 2º Nos contratos de adesão, o fornecedor deve prestar ao consumidor, previamente, as informações de que tratam o art. 52 e o caput do art. 54-B deste Código, além de outras porventura determinadas na legislação em vigor, e fica obrigado a entregar ao consumidor cópia do contrato, após a sua conclusão.'"

CAPÍTULO V
DA CONCILIAÇÃO NO SUPERENDIVIDAMENTO

Art. 104-A. A requerimento do consumidor superendividado pessoa natural, o juiz poderá instaurar processo de repactuação de dívidas, com vistas à realização de audiência conciliatória, presidida por ele ou por conciliador credenciado no juízo, com a presença de todos os credores de dívidas previstas no art. 54-A deste Código, na qual o consumidor apresentará proposta de plano de pagamento com prazo máximo de 5 (cinco) anos, preservados o mínimo existencial, nos termos da regulamentação, e as garantias e as formas de pagamento originalmente pactuadas.

§ 1º Excluem-se do processo de repactuação as dívidas, ainda que decorrentes de relações de consumo, oriundas de contratos celebrados dolosamente sem o propósito de realizar pagamento, bem como as dívidas provenientes de contratos de crédito com garantia real, de financiamentos imobiliários e de crédito rural.

§ 2º O não comparecimento injustificado de qualquer credor, ou de seu procurador com poderes especiais e plenos para transigir, à audiência de conciliação de que trata o caput deste artigo acarretará a suspensão da exigibilidade do débito e a interrupção dos encargos da mora, bem como a sujeição compulsória ao plano de pagamento da dívida se o montante devido ao credor ausente for certo e conhecido pelo consumidor, devendo o pagamento a esse credor ser estipulado para ocorrer apenas após o pagamento aos credores presentes à audiência conciliatória.

§ 3º No caso de conciliação, com qualquer credor, a sentença judicial que homologar o acordo descreverá o plano de pagamento da dívida e terá eficácia de título executivo e força de coisa julgada.

§ 4º Constarão do plano de pagamento referido no § 3º deste artigo:

I - medidas de dilação dos prazos de pagamento e de redução dos encargos da dívida ou da remuneração do fornecedor, entre outras destinadas a facilitar o pagamento da dívida;

II - referência à suspensão ou à extinção das ações judiciais em curso;

III - data a partir da qual será providenciada a exclusão do consumidor de bancos de dados e de cadastros de inadimplentes;

IV - condicionamento de seus efeitos à abstenção, pelo consumidor, de condutas que importem no agravamento de sua situação de superendividamento.

§ 5º O pedido do consumidor a que se refere o caput deste artigo não importará em declaração de insolvência civil e poderá ser repetido somente após decorrido o prazo de 2 (dois) anos, contado da liquidação das obrigações previstas no plano de pagamento homologado, sem prejuízo de eventual repactuação.'

Art. 104-B. Se não houver êxito na conciliação em relação a quaisquer credores, o juiz, a pedido do consumidor, instaurará processo por superendividamento para revisão e integração dos contratos e repactuação das dívidas remanescentes mediante plano judicial compulsório e procederá à citação de todos os credores cujos créditos não tenham integrado o acordo porventura celebrado.

§ 1º Serão considerados no processo por superendividamento, se for o caso, os documentos e as informações prestadas em audiência.

§ 2º No prazo de 15 (quinze) dias, os credores citados juntarão documentos e as razões da negativa de aceder ao plano voluntário ou de renegociar.

§ 3º O juiz poderá nomear administrador, desde que isso não onere as partes, o qual, no prazo de até 30 (trinta) dias, após cumpridas as diligências eventualmente necessárias, apresentará plano de pagamento que contemple medidas de temporização ou de atenuação dos encargos.

§ 4º O plano judicial compulsório assegurará aos credores, no mínimo, o valor do principal devido, corrigido monetariamente por índices oficiais de preço, e preverá a liquidação total da dívida, após a quitação do plano de pagamento consensual previsto no art. 104-A deste Código, em, no máximo, 5 (cinco) anos, sendo que a primeira parcela será devida no prazo máximo de 180 (cento e oitenta) dias, contado de sua homologação judicial, e o restante do saldo será devido em parcelas mensais iguais e sucessivas.'

Art. 104-C. Compete concorrente e facultativamente aos órgãos públicos integrantes do Sistema Nacional de Defesa do Consumidor a fase conciliatória e preventiva do processo de repactuação de dívidas, nos moldes do art. 104-A deste Código, no que couber, com possibilidade de o processo ser regulado por convênios específicos celebrados entre os referidos órgãos e as instituições credoras ou suas associações.

§ 1º Em caso de conciliação administrativa para prevenir o superendividamento do consumidor pessoa natural, os órgãos públicos poderão promover, nas reclamações individuais, audiência global de conciliação com todos os credores e, em todos os casos, facilitar a elaboração de plano de pagamento, preservado o mínimo existencial, nos termos da regulamentação, sob a supervisão desses órgãos, sem prejuízo das demais atividades de reeducação financeira cabíveis.

§ 2º O acordo firmado perante os órgãos públicos de defesa do consumidor, em caso de superendividamento do consumidor pessoa natural, incluirá a data a partir da qual será providenciada a exclusão do consumidor de bancos de dados e de cadastros de inadimplentes, bem como o condicionamento de seus efeitos à abstenção, pelo consumidor, de condutas que importem no agravamento de sua situação de superendividamento, especialmente a de contrair novas dívidas.

Art. 5º Esta Lei entra em vigor na data de sua publicação.

Brasília, 1º de julho de 2021; 200º da Independência e 133º da República.

JAIR MESSIAS BOLSONARO
Anderson Gustavo Torres
Paulo Guedes
Damares Regina Alves

Apoio ao consumidor

Quais são os órgãos e instituições que defendem os interesses do cidadão

Suporte ao cidadão
Saiba o papel de cada instituição
que defende seus direitos

Além do Código de Defesa do Consumidor ser um guia para toda e qualquer pessoa conhecer as principais regras que ditam as relações de consumo no Brasil, diversas entidades operam para atender os brasileiros que lutam por seus direitos ou são vítimas de abuso no ato da compra de produtos ou serviços. Entre essas frentes, vale destacar a Secretaria de Direito Econômico e seu Departamento de Proteção e Defesa do Consumidor, que possui uma comissão permanente de debate e aprimoramento da legislação com ações em prol dos consumidores.

Outro importante trabalho é desenvolvido pelo Programa de Proteção e Defesa do Consumidor (ou Procon), que detém total legitimidade para agir na tutela dos consumidores, principalmente mediante o ajuizamento de ações. A instituição está presente em diversas cidades brasileiras, sendo vinculada à Secretaria da Justiça e da Defesa da Cidadania. O Procon funciona então como um órgão auxiliar do Poder Judiciário, buscando soluções originárias de conflitos entre consumidores e empresas.

Já no âmbito privado, o Idec (Instituto Brasileiro de Defesa do Consumidor) é uma associação de consumidores sem fins lucrativos, independente de empresas, partidos ou governos. Fundado em 1987 por um grupo de voluntários, sua missão é orientar, conscientizar, defender a ética na relação de consumo e, sobretudo, lutar pelos direitos de consumidores-cidadãos. Além disso, o Idec mantém canais de comunicação exclusivos para seus associados, como a Revista do Idec, o Idec Orienta e os atendimentos presenciais, por e-mail ou por telefone.

Números

Os sistemas de defesa do consumidor registraram mais de 2,3 milhões de atendimentos e reclamações só em 2017. As empresas de telecomunicações lideram a lista de reclamações, segundo dados dos boletins do Sistema Nacional de Informações de Defesa do Consumidor (Sindec) e do Consumidor.gov.br, divulgados pelo Ministério da Justiça e Segurança Pública.

Para o diretor do Departamento de Proteção e Defesa do Consumidor, André Lopes, o volume de litígios de consumo na Justiça é grande, por isso, o ministério trabalha em um serviço que ajude o cidadão a resolver seus problemas online, o Consumidor.gov.br. "É um avanço muito importante o consumidor buscar seus direitos e encontrar canais para isso, sobretudo sem precisar fazer recurso ao Judiciário."

Ele explicou que as empresas que mais geram volume de reclamação nos Procons são convidadas a entrar no Consumidor.gov.br, uma plataforma na qual o cidadão pode se comunicar diretamente com as empresas participantes, que devem responder às demandas em até 10 dias. A adesão das empresas é voluntária.

No site também é possível ler as últimas reclamações registradas, consultar o desempenho das empresas e ver a lista das participantes, entre outras informações. Lopes destaca, entretanto, que esse serviço via internet não substitui o que é prestado nos canais tradicionais pelos órgãos de defesa do consumidor.

Em operação desde 2004, o Sindec reúne informações de Procons de todo o país. Os setores com o maior número de reclamações são Telefonia celular (com cerca de 14% das reclamações), telefonia fixa (8,5%), cartão de crédito (7,4%), bancos (6,4%) e, por fim, energia elétrica (4,9%).

Entre os principais problemas geradores de denúncias e reclamações, assuntos relacionados à cobrança indevida (40,8%) afligem o cidadão. Depois, questões contratuais (16,6%) ganham destaque e são seguidos de vício ou má qualidade de um produto/serviço (13,1%). Os típicos problemas com o SAC (8,8%) também continuam a causar danos na relação cliente e empresa.

Já o Consumidor.gov.br registrou 470 mil atendimentos em 2017, índice maior que o de 2016, quando 288 mil pessoas solicitaram atendimento pelo site. As operadoras de telecomunicações foram alvo de 43,3% das reclamações na plataforma online; 20,4% das reclamações foram para bancos e financeiras; e 8,0% para comércio eletrônico.

DICAS IMPORTANTES

- Evite "emprestar" seu nome, cartão de crédito ou folhas de cheques para parentes ou amigos que desejam comprar a prazo. Se as prestações não forem pagas, você será cobrado pela dívida.
- Cuidado com as compras feitas no crediário. Geralmente o valor a prazo é muito mais alto do que à vista. Observe com atenção todos os custos envolvidos e leia com cuidado o contrato antes de assiná-lo.
- O juro do rotativo do cartão de crédito é muito alto. Evite pagar o valor mínimo da fatura, pois sua dívida vai aumentar bastante para o próximo mês. Procure pagar sempre o valor total, na data do vencimento.
- Lembre-se: se você tiver problemas com o produto ou serviço prestado, tente resolver com o fornecedor. Não obtendo êxito procure um órgão de defesa do consumidor. O simples fato de sustar o cheque ou deixar de pagar uma prestação do cartão ou boleto não é garantia de solução e seu nome ainda pode ser negativado.
- Pense bem antes de comprar um produto ou contratar um serviço. Evite dívidas desnecessárias.
- Consuma com responsabilidade. Evite o desperdício.

Fonte: FUNDAÇÃO DE PROTEÇÃO E DEFESA DO CONSUMIDOR - PROCON-SP

O que é o Inmetro

O Instituto Nacional de Metrologia, Qualidade e Tecnologia - Inmetro - é uma autarquia federal, vinculada ao Ministério do Desenvolvimento, Indústria e Comércio Exterior, que atua como Secretaria Executiva do Conselho Nacional de Metrologia, Normalização e Qualidade Industrial (Conmetro), colegiado interministerial, que é o órgão normativo do Sistema Nacional de Metrologia, Normalização e Qualidade Industrial (Sinmetro).

Objetivando integrar uma estrutura sistêmica articulada, o Sinmetro, o Conmetro e o Inmetro foram criados pela Lei 5.966, de 11 de dezembro de 1973, cabendo a este último substituir o então Instituto Nacional de Pesos e Medidas (INPM) e ampliar significativamente o seu raio de atuação a serviço da sociedade brasileira.

No âmbito de sua ampla missão institucional, o Inmetro objetiva fortalecer as empresas nacionais, aumentando sua produtividade por meio da adoção de mecanismos destinados à melhoria da qualidade de produtos e serviços.

Sua missão é prover confiança à sociedade brasileira nas medições e nos produtos, através da metrologia e da avaliação da conformidade, promovendo a harmonização das relações de consumo, a inovação e a competitividade do País.

Seu nome tem valor

Quando você faz uma compra e informa seus dados pessoais, o estabelecimento guarda essas informações, formando o que chamamos de "cadastro".

Essas informações não podem ser cedidas ou utilizadas para outros fins sem sua autorização. Você tem o direito de, a qualquer momento, acessar essas informações, solicitar correção de dados e, inclusive, exigir sua exclusão do cadastro.

Saiba que é proibida a anotação no cadastro de informações referentes à raça, cor, religião ou qualquer outra que não tenha relação com a compra ou com a análise de risco da venda.

Quando você deixa de pagar uma dívida – como, por exemplo, um financiamento –, seu nome também pode ser inscrito em cadastros e permanecer por um período de 5 anos. É o que chamamos de cadastros de proteção ao crédito (SCPC, Serasa). Nesse caso, o fornecedor não precisa de autorização para incluir seu nome, mas você tem os seguintes direitos:

• ser comunicado, por escrito, da inclusão de seu nome;
• ter acesso a todas as informações existentes no cadastro;
• exigir a correção dos dados, quando houver erros (os dados devem ser objetivos, claros e verdadeiros);
• exigir a retirada de informações negativas ("limpar o nome") quando o pagamento integral da dívida já tiver sido efetuado, ou, ainda, a partir do pagamento da primeira parcela, no caso de acordo com parcelamento. O prazo máximo para essa exclusão é de 5 dias úteis.

Fonte: PROCON-SP

Conheça seus direitos

O Código de Defesa do Consumidor garante alguns direitos básicos na hora de comprar ou contratar um serviço. Conheça os principais

DIREITO AO CONSUMO

Todos os consumidores têm o direito de comprar produtos ou contratar serviços que garantam sua sobrevivência e qualidade de vida: alimentação adequada, vestuário, moradia, cuidados de saúde, educação e saneamento básico, dentre outros.

DIREITO À ESCOLHA

Todos os consumidores têm o direito de escolher livremente o que comprar ou contratar. Para que seja possível o consumidor analisar, comparar e finalmente escolher, é obrigatório que todos os produtos e serviços sejam apresentados de forma que qualquer pessoa possa verificar suas qualidades, compreender corretamente suas funções, sua utilização e riscos. Para isso, todas as informações sobre o produto ou serviço devem ser claras e estar disponíveis para os consumidores antes da compra.

DIREITO À SEGURANÇA

Todos os consumidores devem ser informados pelos fornecedores antes da compra ou contratação sobre tudo que existir nos produtos ou serviços que possam ser perigosos ou colocar em risco a sua saúde ou sua vida.

Se o próprio fornecedor só descobrir sobre esse perigo depois que vendeu seu produto ou serviço, deve informar imediatamente todos os consumidores que compraram ou utilizaram essa mercadoria.

DIREITO À INFORMAÇÃO

Todos os consumidores têm direito a receber informações corretas. Por isso, todos os produtos devem informar com clareza sobre sua quantidade, peso, composição, características, qualidade, preço e todos os riscos que apresentam.

Os serviços oferecidos também devem conter todas as informações sobre suas características, de forma clara e correta. Por esse motivo, o consumidor tem direito a um orçamento detalhado por escrito ao contratar um serviço, contendo, dentre outras, informações sobre início e prazo para conclusão.

DIREITO À PROTEÇÃO CONTRA A PUBLICIDADE ENGANOSA E ABUSIVA

Todos os consumidores podem e devem denunciar as publicidades enganosas ou abusivas e os métodos de venda que não sejam honestos ou que intimidem.

PROCON no seu estado

Confira o endereço dos principais centros de apoio do consumidor em cada capital do país

Acre (AC)
Av. Ceará, 823 - Cadeia Velha
Rio Branco - AC
Atendimento ao público:
(68) 3223-7232
procon.acre@ac.gov.br

Alagoas (AL)
Rua Oldemburgo da Silva Paranhos
(antiga Rua Goiás), 341 - Farol
Maceió - AL
Atendimento ao público: 151
(Ligação gratuita)
info@procon.al.gov.br

Amapá (AP)
Av. Padre Júlio Maria Lombard, 1.614
- Santa Rita
Macapá - AP
Atendimento ao público: 151
gab@procon.ap.gov.br

Amazonas (AM)
Rua Afonso Pena, 38 -
Praça 14 de Janeiro
Manaus - AM
Atendimento ao público: 151
proconmanaus@pmm.am.gov.br

Bahia (BA)
Rua Carlos Gomes, 746 -
Largo Dois de Julho
Salvador - BA
Atendimento ao público:
(71) 3116-8517
denuncia.procon@sjdhds.ba.gov.br

Ceará (CE)
Rua Barão de Aratanha, 100
Fortaleza - CE
Atendimento ao público:
0800 275 8001
procon-ce@mpce.mp.br

Distrito Federal (DF)
Venâncio 2000 - Setor Comercial Sul,
Quadra 08, Bloco B-60, Sala 240 -
Brasilia - DF
Atendimento ao público: 151
procon@procon.df.gov.br

Espírito Santo (ES)
Avenida Princesa Isabel, nº 599, Ed.
Março, 9º andar - Centro
Vitória - Espírito Santo
Atendimento ao público: 151
protocolo@procon.es.gov.br

Goiás (GO)
Rua 8, n. 242 - QD. 5 LT. 36 -
Edifício Torres - Setor Central
Goiânia - GO
Atendimento ao público: 151
assessoriageral@procon.go.gov.br

Maranhão (MA)
Rua do Egito, 207 - Centro
São Luís - MA
Atendimento ao público: 151
ascom.proconma@gmail.com

Mato Grosso (MT)
Av. Hist. Rubens de Mendonça, 917,
Araés, Edifício Eldorado Executive
Center - Cuiabá - MT
Atendimento ao público:
(65) 3613-8500
procon-mt@sejudh.mt.gov.br

Mato Grosso do Sul (MS)
Rua 13 de junho, 930 -
Esquina Rua Maracaju - Centro
Campo Grande - MS
Atendimento ao público: 151
proconms@procon.ms.gov.br

Minas Gerais (MG)
Rua Martim de Carvalho, 94 -
Santo Agostinho
Belo Horizonte - MG
Atendimento ao público:
(31) 2108-5500
procon@almg.gov.br

Pará (PA)
Trav. Lomas Valentinas, 1150 -
Pedreira - Belém - PA
Atendimento ao público: 151
proconatend@procon.pa.gov.br

Paraíba (PB)
Endereço: Parque Sólon de Lucena,
234 - Centro
João Pessoa - PB
Atendimento ao público: 151
mpprocon@mppb.gov.br

Paraná (PR)
Rua Emiliano Perneta, 47 -
Centro - Curitiba - PR
Atendimento ao público:
(41) 3219-7409/7441
deprocon@seju.procon.pr.gov.br

Pernambuco (PE)
Rua Floriano Peixoto, 141 - Bairro de
São José - Recife - PE
Atendimento ao público:
0800-282-1512
atendimento@procon.pe.gov.br

Piauí (PI)
Ruas Álvaro Mendes, nº 2294 -
Centro - Teresina - PI
Atendimento ao público:
(86) 3216-4500
procon@mppi.mp.br

Rio de Janeiro (RJ)
Av. Rio Branco, 25 - 5º andar - Centro
Rio de Janeiro - RJ
Atendimento ao público: 151
151proconrj@gmail.com

Rio Grande do Norte (RN)
Av. Tavares de Lira, 109
Ribeira - Natal - RN
Atendimento ao público:
(84) 3232-6770/6775
procon@rn.gov.br

Rio Grande do Sul (RS)
Rua 7 de Setembro, 723 - Centro
Porto Alegre - RS
Atendimento ao público:
(51) 3289-1769
consumidor@mp.rs.gov.br

Rondônia (RO)
Av. Sete de Setembro, 830 - Centro
(Shopping Cidadão)
Porto Velho - RO
Atendimento ao público:
0800 722 2888
procon-ro@bol.com.br

Santa Catarina (SC)
Praça XV de Novembro, 312 - Centro
Florianópolis - SC
Atendimento ao público: 151
procon@pmf.sc.gov.br

São Paulo (SP)
Praça do Carmo, S/N - Centro
(Poupatempo Sé)
São Paulo - SP
Atendimento ao público: 151
ouvidoria@procon.sp.gov.br

Sergipe (SE)
Rua Santa Luzia, 602 - Centro
Aracaju - SE
Atendimento ao público:
3211-3383 / 3211-5216
procon.sejuc@sejuc.se.gov.br

Tocantins (TO)
Quadra 104 Sul, Rua SE-09, Lote 36
Palmas - TO
Atendimento ao público: 151
gerencia_palmas@procon.to.gov.br

Sites para consulta ou apoio ao consumidor

www.consumidorpositivo.com.br
Novo canal de relacionamento da Boa Vista SCPC com consumidores, agora você consulta CPF grátis, limpa seu nome e monitora o seu CPF.

www.proteste.org.br
A Proteste busca promover a valorização e defesa dos direitos de compra dos cidadãos brasileiros.

www.idec.org.br
O Idec (Instituto Brasileiro de Defesa do Consumidor) é uma associação de consumidores sem fins lucrativos, independente de empresas, partidos ou governos.

www.inmetro.gov.br
O Instituto procura verificar a observância das normas técnicas e legais, no que se refere às unidades de medida, métodos de medição, medidas materializadas, instrumentos de medição e produtos pré-medidos.

www.consumidor.gov.br
No site você pode se comunicar diretamente com as empresas participantes, que se comprometeram a receber, analisar e responder as reclamações de seus consumidores em até 10 dias.

www.serasaconsumidor.com.br
As informações da Serasa são fornecidas aos bancos, às lojas do comércio, às pequenas, médias e grandes empresas, com o objetivo de dar apoio às decisões de crédito e, assim, tornar os negócios mais baratos, rápidos e seguros.

ANOTAÇÕES

Impressão e Acabamento
Gráfica Oceano